「先生，
お話聞きたい!」
が止まらなくなる

教師の語り

森岡 健太

明治図書

まえがき

1年生を担任したときのことでした。

「先生、もっとお話してーーー」「今日もお話してくれるの？」

と、話をせがむ子どもたち。実は、子どもたちは先生のお話が大好きです。私は、毎日のように家族のおもしろ話をたくさんしていました。

当時、私の息子は0歳と1歳でした。毎日、話すことには事欠かなかったんです。

「高速で腹這いして追いかけてくる話」

「ミニサイズの羊羹をずっと投げてくる話」

「じいちゃんとばあちゃんが、星野源の恋ダンスをすると、一緒になって踊り出す話」

ちょっとしたすきま時間ができると、こんな話をよくしていました。どの話も目を輝かせて子どもたちは聞いていました。

これが私の「よもやま話」の原点です。「よもやま話」とは、まぁ特に意味の無い雑多な話ってことです。意味が無いと思っていたよもやま話。でもね。これが意外や意外。教育的な効果を発揮してきたんですよ。

ある日、授業中に普通の話をしているときに気がついたんです。子どもたちの「聞く姿勢が変わってきたな」っていうことに。ここでいう「聞く姿勢」というのは、「静かに聞く」とか、「背筋を伸ばして聞く」とか、そういう意味じゃないんです。

何かって言ったら、「主体的に聞く態度」が育ってきたってことなんです。「それってどういうこと?」「続きは何?」

こういう姿勢が見えてきました。これは、ものすごく嬉しかったですね。1年生の担任を経験したことがある方はイメージがあると思いますが、彼ら彼女らの「聞く」力をつけるのは本当に難しいんですよ。

話し続けているうちに、子どもたちの聞く力が育ってきた。担任としては、めちゃくちゃ嬉しいことですね。

実は私、3年連続の1年生担任でした。1年目、2年目と本当にたくさん苦労をしました。大人が喋ることって、子どもになかなか伝わらないんだなって。

そこで、伝え方を必死に勉強しました。工夫もたくさんしました。ときには、身振り手振りをオーバーすぎるほどにつけて。ときには、黒板に絵を描きながら説明をして。ときには、実物を持ってきて見せながら説明をして。

そうして子どもたちの成長を感じて、ハッピーな気持ちで迎えた次の年。私は2年生を担任することになりました。これは、天にも昇る心地でした。だってね。毎年、1年生担任だったら、毎回、学校のしきたりを一から教えなくてはならないんですよ。2年生なら、1年生で学んだ土台がありますよね。だから、めちゃくちゃ嬉しかった。

ただし、1個だけ困ったことがありました。それは、「話のネタ」なんですよね。

その当時の学年は4クラスあって、クラス替えも行っていたので、2年連続で担任した子どもたちはクラスの4分の1でした。昨年度担任した子は4分の1しかいないとはいえ、同じ話をするわけにはいかないじゃないですか。というわけで、必死にネタ集めをするようになりました。

幸せな2年間を過ごした私は、年度末に担任の希望を聞かれたときに、「一任」と紙に書いて校長先生に提出しました。「もう思い残すことはない！」って感じです。

で、フタを開けてみたら、なんと5年生の理科専科でした。「担任じゃないやん」と驚きを隠せませんでした。「一任」と書いた以上は、どこになるかわからないのですが、まさか担任じゃないという選択肢は頭の中になかったので……。

ただ、私はそこでも「よもやま話」をし続けました。授業の最初の5分話をして、残りの時間で実験などを扱う。手際よくやっていくと、意外と40分で学びがおさまりました。

と、理科の授業をやっていたら、6月に「3年生の先生が退職する」ということが起きました。そうです。3年生ということは、あの1、2年と担任した学年です。誰が担任をするんだということになったのですが、まぁ、私しかいませんでした。

教師人生初の3年連続持ち上がりでの担任。実は、内心嬉しくもあったのですが、困ったことがありました。そうです。「話のネタがない！」ってことです。

子どもたちは、私が「よもやま話をしてくれる存在だ」という認識をもっています。

そこで、これまで以上に本を読んでネタを集めていきました。

さて、勘のいい読者のみなさんなら、もうお気づきでしょうか。こうやって集めに集めた話をまとめたものが、今回の本です。

実は、先ほどの話は続きがありまして……。

3年生を担任した次の年はまさかの4年生の担任になりました。4年生を担任した次の年は驚きの5年生の担任になりました。5年生を担任した次の年は勢いで6年生の担任になりました。

結果的に、同じ学年の子どもたち相手に6年連続で担任になったというわけです。まぁ、世の中は広いとは言えど、なかなかこんな経験をした人は少ないんじゃないかな。

持ち上がると、彼ら彼女らの成長の続きが見られるから嬉しいなって思う反面、「話のネタがーーー」という闘いの日々でもありました（笑）

ネタを集めに集めていたら、気がつけば、話のネタは200以上を超えていました。ただの「いい話」ではなく、非常に幅広いジャンルのお話が集まってきたと思っています。本書では、その中から厳選したものを31個お伝えします。

ただし、ただ「話のネタを伝えます」ということではなく、「なぜ伝えるのか」「どのように伝えるのか」「何を伝えるのか」をセットで述べたいと思います。本書を読んだ後に、「なるほど、そんな感じで伝えれば、伝えたいことが伝わるのか」と思っていただけたら幸いです。

ちなみになんですが、本書の書きっぷりは、おしゃべりしている感覚で書き進めていきたいと思っています。何たって「語りの本」ですから。みなさんには、実際に目の前に子どもがいる姿を思い浮かべながらページをめくってもらえたら幸いです。

森岡　健太

Contents

3章 何を語るのか？

ポジティブになれる話

「思い込みメガネ」を外す話

かっこよく生きる話

人間関係を豊かにする話

幸せに生きる話

1章

なぜ語るのか？

知的な教室はこうやって生まれた

私のクラスの子どもたちは実に表現が豊かです。以下、道徳の授業の際に印象的だった発言を紹介します（学年は４～６年生のものです）。

・「目の前の人を大切にすると花が咲く。それは世界平和につながる」（４年生）

・「タオルに水を染み込ませます。タオルの端を水で濡らしたら徐々に広がっていきますよね。『おかげさま』って言葉も同じだと思うんです。『おかげさま』って言葉は直接は伝わらなくても、その心が徐々に広がっていくと思うんです」（５年生）

・「下を向いていたら暗くなる。心に光が当たらない。足踏みは後悔する」（５年生）

・「日本を塩として、ペルーを砂糖とします。この二つをそのまま混ぜても混ざりませんよね。そこへ、水を入れたら混ざります。水は共通の話題や食べ物です」「だったら、水よりお湯の方がいいね。お湯はその国の国民の愛情だよ」（5年生）

・「ほめられたいと思ってやっている親切は体だけの親切。これはロボットの親切。心から人を助けたいと思ってやる親切は、体＋心の親切。これは人の親切」（4年生）

・「郷土の誇りはそこでしか味わえない温かさ、幸せがある」（5年生）

・「長所を発揮するには、短所バリアを破ることが大切」（6年生）

・「清らかな心は、出来事の一つ一つの積み重ねで生まれてくるものだと思う」（5年生）

・「電池は大量生産されていて、みな同じ形、同じ長さ。命は、一つしかないもの。生き方次第で長さや形を変えられる」（6年生）

・「長所は自分で作るもの。素質×努力で生まれる。努力は味の素と一緒だ」（6年生）

・「わがままに押し出された自由は墜落して失敗するけれど、思いやりに押し出された自由は成功する。これが『自由の発射台』だと思う」（6年生）

・「本当の才能は努力のことである。本質となる部分は人には見せていない」（6年生）

・「幸せのPDCAサイクルってさ、こうなっていると思う（黒板に図示）」（6年生）

どうでしょうか。私は彼ら彼女らの発言を聞いて、表現や感性が豊かだなと感じます。

さて、なぜこのような感性豊かな言葉が出てくるようになったのでしょうか。私が勤務している学校は、家庭環境が良く、基礎学力が高いからという理由もあるでしょう。ですが、それだけで知的な言葉が出てくるとは思えません。

これは、私が語り続けてきたからだと信じています。なぜなら、道徳の授業を他のクラスでやることもありましたが、ここまで面白い表現はあまり出てこなかったからです。

「教師は最高の言語環境だ」

このような言葉を聞いたことがありませんか。そりゃそうだなって思います。だってね。**大人というくくりの中では、親の次に教師の言葉を子どもたちは聞いています。**いや、なんだったら教師の言葉を聞いている時間の方が長いかもしれません。

だから、私は基本的に、子どもたちのことを「○○さん」と呼びますし、常に丁寧な言葉遣いを心がけています。

そして、語りの中では、具体的なエピソードを盛り込んだり、抽象的な比喩を使ったりと「具体と抽象」をコントロールしながら語っています。

こういうことの積み重ねで、冒頭に紹介した言葉が生まれてきたのではないかと信じています。

少々カッコつけて書いてしまいました。ですが、「子どもの力が伸びる」って信じて語り続けることって大切なんじゃないかなと。

金太郎飴になるな

金太郎飴って知っていますか。あの切っても切っても、同じ顔が出てくる飴のことです。**私は声を大にして、「教師は金太郎飴になるな」と言いたい。教師の仕事は、本来クリエイティブなものだと思うんですよ。**それを金太郎飴みたいに一律の仕事をしてしまったら、ただ業務をこなすだけになってしまい、もったいないと感じます。

今の世の中は、「どうしたらいいの」と困ったら、インターネットで検索して、すぐに情報を集められます。自治体によっては、学校の「スタンダード」が示され、「こうやって教育を進めていったらいいよ」ということが非常にわかりやすくなっています。

スタンダードが示されることは、よい面と悪い面があります。

よい面はたくさんあります。まず考えられるのは「業務の効率化」です。教科書を前にして、毎回どういう展開にするかをじっくりと悩んでいる時間はなかなか取れないんですよね。なんたって「多忙化」が叫ばれていますからね。

あと、「教育の平準化」も達成されているように思います。誰が教えてもスタンダード通りにやっていれば、一定の水準をクリアすることができるようになっています。「担任ガチャ」とかいうあまり嬉しくない言葉が飛び交う中では、「一定の水準をクリアできる」という意味は非常に大きいことでしょう。

さて、悪い面は何でしょうか。これは「没個性」です。スタンダード通りにやると、どうしてもみんな「同じ」になってしまいます。同じ授業。同じ指導。同じ学級経営。そうです。まさに金太郎飴です。

世の中に、全く同じ実態の学級というものは、存在しないはずです。そして、これだけ「多様性が大切だ」と言っている時代なのに、そのこととは逆行していますよね。確かに、「効率化」や「一定の水準をクリアできる」ということは大切ですが、「没個性」になると教師のクリエイティブさが失われます。

教師だって一人の人間です。得意なことがあったら、それを語ればいいし、苦手なことがあったらそれも語ればいい。そうやって、教師が人間味を見せていくことが、教育につながっているのではないかと思うのです。

私は、朝の会の「先生の話」の時間に力を入れています。せっかくの朝の豊かな時間に、予定の確認をして、宿題の確認をして、プリントを配布して終了だともったいない。何か一つでもいいから、「教師の語り」をしてみませんか。それは、**必ずしも「いい話」である必要はないんですよ。失敗談、大いに歓迎です。**「大人だって、失敗しながら成長していっているんだよ」って伝えるのは、悪いことではないじゃないですか。

失敗談をすることの教育的効果は他にもあります。「この教室では、失敗したことを語っても大丈夫なんだな」と子どもが感じるということです。これは教室の心理的安全にもつながっています。

よく絵本の『教室はまちがうところだ』を読み聞かせして、「間違いから学びが生まれる」という話をするのですが、教師が生身の失敗談を語ることは、それ以上にいいお手本になると思います。どんどん、失敗談を語って安心させてあげてください。

家族の話なんかもいいですね。私は年度始めに、家族の話をたくさんすることにしています。スライドで写真を見せながら、家族の話をしていきます。ここには、私なりの意図があります。

「家族の話」や「趣味の話」をしていくと、子どもにとって、目の前に立っている大人が、「教師」という存在から、「一人の人間」という存在になっていきます。「教師」という存在から話をされても聞かなかった子どもたちが、教師の個性やキャラクターがわかってくると、「あ、この先生が話すことなら聞いてみよう」となってくるわけです。

このように、教師が個性を出していってこそ、子どもたちが個性を出せる教室になってくるんじゃないかなって思います。

ぜひ、あなたが「教師になろう」と思ったときの初心を思い返して、子どもたちに存分に語ってあげてください。子どもたちはあなたの語りを待っています。語りを楽しんでいきましょう。

広がれ価値観

今の世の中は、「教えない教育」「指導しない塾」「叱らない指導」など、「ないないない尽くし」のオンパレードです。

私はこの理念自体には、賛成の立場にいます。「教えない」「指導しない」「叱らない」の意図としては、「子どもの主体性」を伸ばしていくというところにあります。

何でもかんでも、詰め込んで教え込んでいった結果、自分で考えなくなってしまった。だからこそ、今の教育の流れとしては、「～ない」ことによって、子どもたちが自分で考えられるようにしようとなっています。

でもね。ここで、一度立ち止まって考えてみませんか。

確かに、知識や方法を詰め込むことを重視した結果、子どもの主体性が育ちにくいという一面はあるのでしょう。

しかし、何かしらの思考を働かせようというときや、対話をしようというときには、ある程度の知識は必要となってきます。例えば、「森林破壊をやめたほうが良いかどうか」を議論する際には、木を切ることの影響や、林業についての基礎的な知識がないと、確かな議論をすることはできません。知識がないと、木を切ることは可哀想だなぁくらいの感情論だけでの判断になっちゃいそうです。

人の価値観は、「知識と経験が集まって形成されている」と思っています（もちろん、文化的な背景やその人の性格のような要素も影響していますが）。主体性を伸ばすことを意識するのも大切ですが、知識の獲得も蔑ろにされてはいけないと思うんですよ。

これらの知識は、教科書や書籍を読んだり、テレビを見たりすることで獲得をすることができます。ただし、教科書や書籍だけの情報では、不十分な場合もあるでしょう。

第一に子どもたちは、その情報へアクセスする能力がそこまで高くないということがあります。先ほどの「森林破壊をやめたほうが良いかどうか」の例でしたら、社会科の教科書に載っている情報なので、アクセスしやすいと思いますが、**ＡＩの話や、今ニュースで取り上げられている話、「見方・考え方」の話なんかは、自分でアクセスし、解釈するのは難しいでしょう。**そもそも興味がなければ、アクセスしようとも思わないでしょうしね。

第二に視点の転換についてです。子どもたちが受け取った情報は、今、子どもたちがもっている価値観の中での解釈となります。これは、経験値のある大人と比べたら浅い理解となってしまいます。子どもたちは純粋な分、「本当にそうだろうか」とクリティカルに考える力がまだ身についていません。**そこで、大人が大人視点で、情報を捉え、子どもたちに語り、問いを投げかけていくことが有効になってくるのではないでしょうか。**

「教師の語り」は、子どもたちに「考えるための材料（知識や経験）」を渡しているという点で有効に働いていることでしょう。

私が意識しているのは、あくまでも**「教師の語りは、考える材料の一つである」ということです。**

例えば、私の高校生の頃の話。自転車で高校まで通っていました。体操服の袋の紐を肩からかけていたのですが、徐々に紐が伸びていき……後輪に絡み、まさかの大転倒。近くにいた小学生らしき子に「お兄ちゃん大丈夫？」と聞かれて、顔から火が出るほど恥ずかしかったという話をしました（今思い出しても恥ずかしい……）。

一見、ただの面白恥ずかし話なのですが、これを聞いた子は、「自転車に乗るときには、気をつけないとな」と思うわけですよ。自分が経験していないことをあたかも経験したかのごとく、知識として吸収できるっていうことですね。

他には、本から得た面白い話や、思わず考えたくなるような話をします。こういう話は、小学生くらいの子どもが自分から得ようとするのは難しい。

だから、**大人である教師が語りによって、プレゼントをしていくんです。**すると、考える材料として、その子の中に蓄積されていきます。考える材料が蓄積されていくと、それはやがてその子の価値観となります。

思考を鍛えるということ

「教師の語り」とセットにしたいことは、「自分で考える時間を設ける」ということです。

何も、難しく考える必要はありません。話を聞いてどんなことを思ったかということを子ども同士で簡単に話し合います。

私は予定表ファイルの横にメモ用紙を貼り付けさせていました。そして、言葉を書き写したり、考えたことを整理したりする時間を設けていました。なぜ、こういう時間をとるかというと、「言葉を噛み締める」時間を味わってほしいという思いがあるからです。

予定表ファイルの横にメモを貼り付ける作戦は、なかなかよいものでした。なぜなら、家に帰ってから、明日の準備をするために必ず予定表ファイルを確認するからです。そうすると、学校で出合った言葉とまた家でも出合うことになります。ときには、それを見返して親に伝えてくれる子もいました。その言葉のおかげで、「親子の会話の時間が豊かになった」と保護者の方から言われたこともありました。

みなさんは、どうでしょうか。素敵な言葉に出合ったときにどうしていますか。メモしていますか。私が思う**メモの本質は、「その言葉を見返して、何度も味わえるようにする」です。メモは覚えるためではなく、自分で考えるためにしているのです。**

さて、ここまで、前置きが長くなりましたが、教科学習との違いはなんでしょうか。教科学習は「ねらい」があり、「めあて」があり、指導の方向性がある程度定まっています。この1時間の学習で、ある程度はここまで到達させようという目標がありますよね。例えば、算数の学習だと、「九九のきまりを見つける」とか。国語の学習では、「筆者の主張を捉える」とか。

一方で、**「教師の語り」にはそのあたりの縛りがないのです。ですが、縛りがないからこそ、子どもたちの思考力を鍛えるのにぴったりだと思っています。**なぜなら、子どもたちは話を聞いた上で、自由に発想していいからです。教師の話が自分にとって、しっくりくるときもあれば、しっくりとこないときもあるでしょう。でも、それでいいと思っています。なぜなら、我々大人がやっていることは、「考えるための材料を渡す」ということだからです。考えるための材料を受け取った子どもたちが、どう考えるかは本人次第。そういうスタンスで語り続けていきます。

そして、**教師の語りのいいところは、目の前の彼ら彼女らに「今」必要であろうということをプレゼントできることにあります。**

例えば、運動会シーズンの前だったら、「協力」とか「挑戦」とか、そういったことをテーマに話ができますし、友達と揉めていそうだなとか、もっと仲良くなってほしいなと思ったら、人間関係の話をできますよね。

つまり、そのクラスの状態に応じた「旬」の話ができるというわけです。アンテナを高くして、彼ら彼女らにとって、「今」必要だと思う話をプレゼントしていけたら嬉しいなって思いながら語っています。

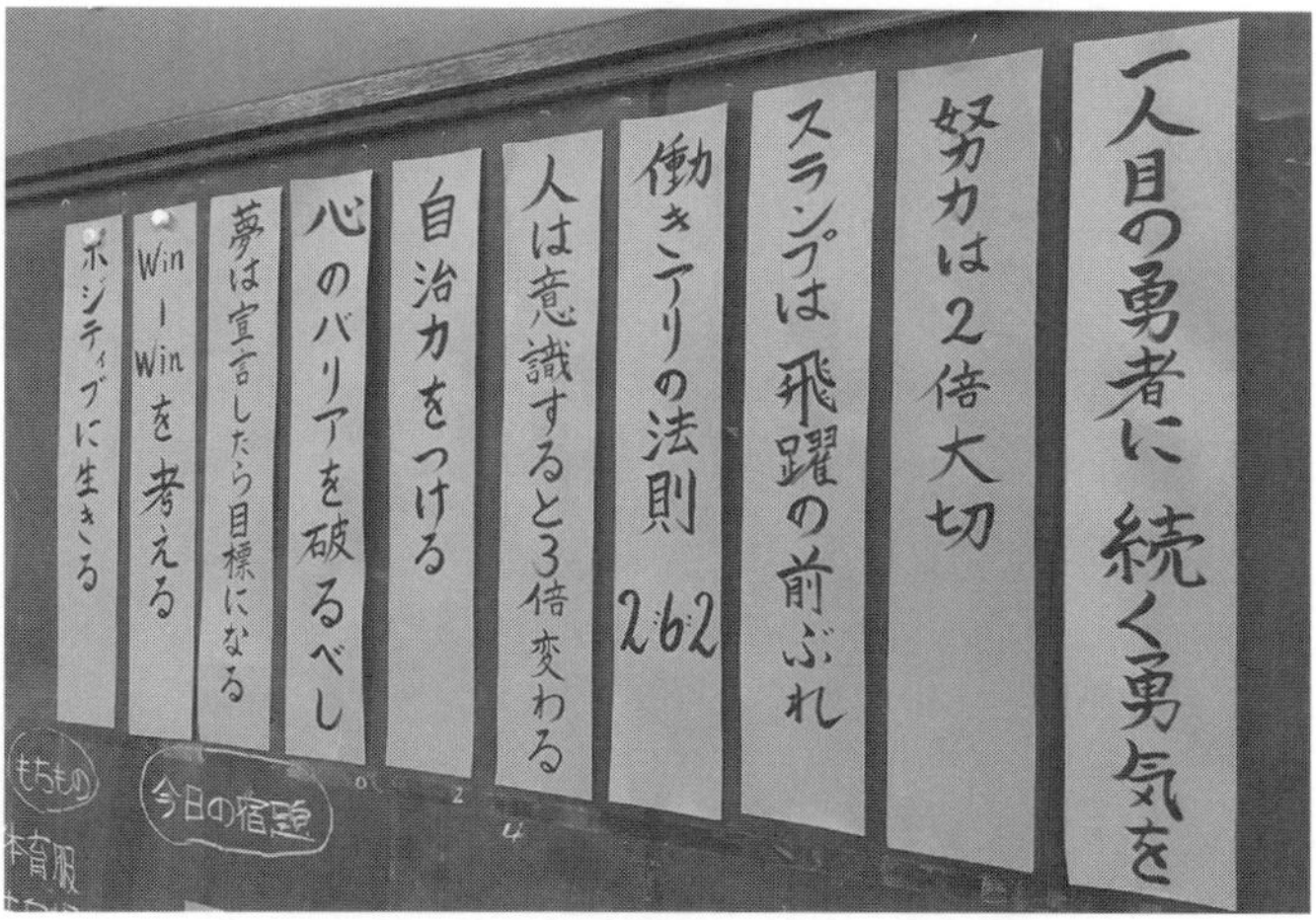

語りの中身の例

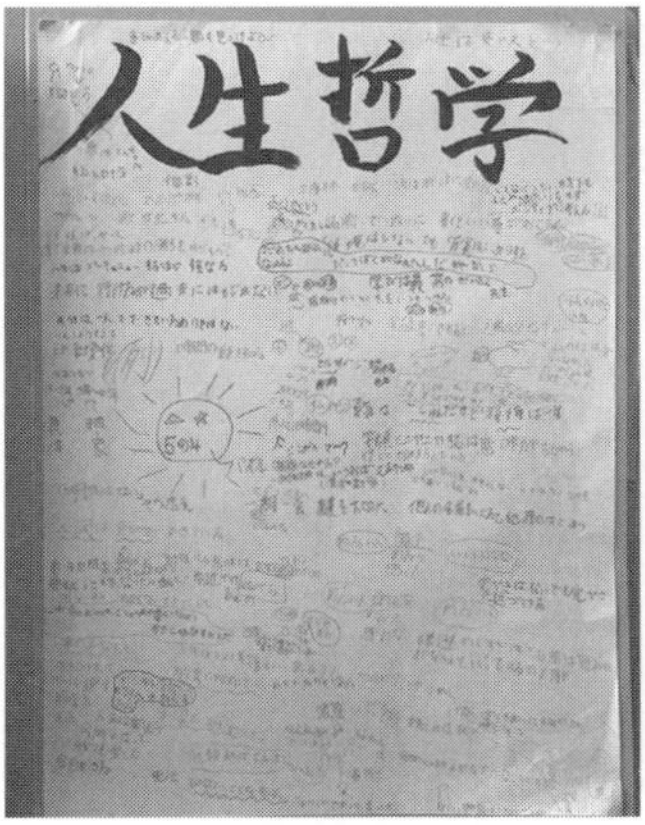

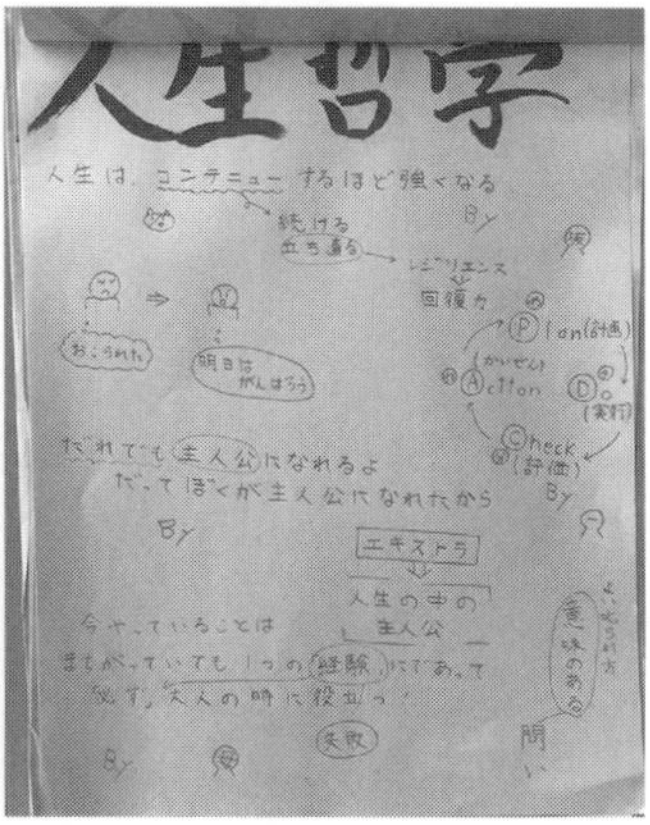

子どものメモ

「先生」という存在が語る意味

「先生」という漢字をよく見てください。「先」に「生」まれたって読めますよね。私は「先生＝絶対的な正解を教える人」ではなく、「君たちより先に生まれた先輩だよ」くらいの存在として捉えています（語源として、そのような意味だという主張もあります）。

私は、大学生の頃、神戸にあるホテルオークラの会員制囲碁クラブでバイトをしていたことがありました（ちなみに、囲碁六段の免状を持っています）。会員制というだけあって、高級なんですよね。なので、会員は、弁護士、医者、船長（港が近かった）という方々でした。そこでの会話が面白くて、

「『先生』、最近調子はどうですか？」

という言葉が飛び交っているんですよ。これは一つの挨拶なんですが、弁護士も先生。医

者も先生。そして、囲碁を教える立場にある私も先生。誰が、誰に対して言っているのかあいまいで、わからなくなるときもありました。そう思うと、「先生」という言葉にはそんなに特別な意味はないのかなぁって思えました。

ただ、私は「先生」という役割で働いていたので、年上のお客さんたちから、「先生、ここではどう打つのがよかったですか」と、よく聞かれることがあり、役に立っているんだなと嬉しくもありました。

そんな「先生」の役割ですが、学校では子どもたちより「先」に「生」きてきた一人の人として、語るっていうのは意味があることなんじゃないかなと思います。

教師は教える存在である。仕事としての役割をこなす。まぁ、そういったものもゼロではないと思いますが、「教えてあげよう」なんて上からいくのは、今の時代にあっていないんでしょうね。そもそも、「先生の言うことが絶対だ」という時代はとうの昔に過ぎ去ったわけですし、今はインターネットでいくらでも情報を集めることができます。

ただし、一人の大人として「考える材料を渡すこと」や「問題提起すること」ができる

のは、「先」に「生」きてきた「先生」の役目なんじゃないかなとも思います。流石に、YouTubeなんかで、「生き方」や「考え方」についての動画ばかりをみている小学生なんかいないでしょうからね。

私も二児の父親ですが、案外、親子間で「生き方」や「考え方」の話なんていうのはしないものなんですよ。「話す時間がない」という物理的な問題よりも、「何だか小っ恥ずかしい」という精神的な問題の方が大きいような気がします。

それに、親が言ったことに対しては、ちょっと反発したくなるのが子どもの特徴でもあります。「勉強しなさい」って言われたら、勉強する気がなくなるという経験は誰しもあるのではないでしょうか。

では、語るのが教師だったらいいのかという問題があります。「教師」という存在を前面に押し出して語ると、やはり、「そんな話聞くもんか」となるかもしれません。なので、「先」に「生」きてきた「先生」として語るくらいがちょうどいいかなって思っています。あくまでも微妙なニュアンスの話なのですが。

さて、何度か申し上げている通り、今は本当に「学びやすい時代」となりました。疑問が出てくると、すぐに自分でインターネットで調べることができます。動画で調べることだってできます。

インターネットやＡＩの発達により、「単なる知識の伝達」という意味での教師の役割は少なくなってきました。というか、ほとんどなくなったと言ってもいいでしょう。ですが、その分、子どもたちに問いかけたり、語りかけたりすることの重要さは増してきているのではないでしょうか。今流行りのＡＩも子どもたちの実態を見て直接問いかけたり、語りかけたりはしてこないですからね。

問いかけや語りは、大袈裟に言うと人間としての最後の役割となるでしょう。もしも、ＡＩが子どもたちの様子を観察した上で必要なことを問いかけたり、語りかけたりするようになってきたら、いよいよ我々教師の出番はなくなるかもしれません。

そういうことを考えると、「先生」という一人の大人として、なるべく彼ら彼女らが普段アクセスしないようなジャンルのことを「語り」として伝えたいと思う日々です。

「語り」に込められた願い

朝の会のチャイムがなりました。1日の始まりです。さて、みなさんの学級では、どのようにして1日が始まっていくでしょうか。

多くの学級で、朝の会のプログラムの中に「先生からの話」という時間が組み込まれているのではないでしょうか。

「えー、今日の時間割は1時間目国語、2時間目算数……」

といった予定の確認や

「今日はとくにお話はありません」

といった言葉で「先生の話」が終了していくこともあるのではないでしょうか。

「もったいない」と私は感じます。

この朝の会の「先生の話」が1日の中で、唯一子どもたちに伝えたいことを伝えることができる時間だと思っています。なぜなら、**1日の中で人間の集中力は時間が経つごとに減っていくからです。**そうです。**朝は、一番集中力が残っているのです。私はこの時間に子どもたちの成長を願って語ります。**1時間目の学習が始まってしまうと、なかなか語る時間は取ることが難しいのです。最近では、小学校でも教科担任制が始まり、より「語り」の時間を確保することが難しくなっているところもあります。

朝の時間に子どもたちに語れる時間はせいぜい5分程度。たったの5分間しかないこの時間。だからこそ、子どもたちの成長を願って話をします。

そんな1日の始まりの語りの第一声は特にこだわっています。

「えーっとね……今日の話なんだけどね」

といった話し始めだと、緊張感ゼロですよね。まぁ、自分のクラスだったらリラックスして話を聞けるということは大切だとは思いますが、リラックスしすぎた雰囲気は時に緩みとなって話を聞かない雰囲気をつくり出すことがあります。大事な話をするときには、ちょっとくらい緊張感があった方が真剣に話が聞けるのではないでしょうか。

緊張感と意外性を生み出すために、例えば次のように語り始めます。

（黙って、黒板に大きく「365」と数字を書く）

「この数字が何か知っていますか？」（当然「1年の日数！」という反応がある）

「違います。正解はこちら（『コアラのマーチ』と板書）。どうでしょうか。コアラのマーチの絵柄、実は365種類もあります。なぜ、こんなにたくさんの種類があるのでしょうか」

どうでしょうか。続きが聞きたくなった方は、まんまと私の策略にハマっています（笑）

実は、コアラのマーチは最初12種類でした。そこから、消費者の声を聞きながら、365種類まで絵柄を増やしたそうです（現在も絵柄を開発して、古いものを入れ替えながら365種類を保っているということです）。

ここで、私が伝えたかったのは「創意工夫することの大切さ」です。あの国民的なおかしですら、開発をずっと繰り返しているなんて、企業努力の賜物じゃないですか。

これをね、図画工作の時間の前なんかに、話をすれば「願い」として届くわけですよ。

ここで、この話をせずに、

「図工の時間では、自分でオリジナルの表現をすることが大切ですよ」と伝えても、意図は伝わると思います。でもね。コアラのマーチの話をした後の方が、子どもたちの図工へ向き合う熱量が違ってくると思うんですよね。

語りの一例を示しました。担任をするたびに思うのですが、1年間は本当に短い。「あのときこれを語っておけばよかった」と後悔することは多々あります。6年間持ち上がった学年の子たちに対しても、もっと語っておけばよかったと思うこともしばしば……。

「正直言うと、そんなに語ることありません」と、思ったかもしれません。でも、大丈夫です。**「子どもたちの〇〇という力をもっと伸ばしてあげたい」「こういうところの柔軟性を伸ばしてあげたい」と成長してほしいところを探していくんです。**そうすると、自ずと語りたいことが見えてきます。

え？　何も語りたいことが見つからないですか？　そんなときは、本書を活用してみてください。きっと何かしらのヒントになる話が見つかるはずです。

COLUMN

普段の語りは授業の修行になる

子どもたちに語りをする上で私が最も気をつけていることは何だと思いますか。

声の大きさ？　テンポ？　目線？　どれも大切なことですが，私が一番意識しているのは，「時間内に語りを収める」ということです。

せっかく心に響くいい話をしていたとしても，チャイムが鳴ってしまったら，子どもたちはもう上の空。早く遊びに行きたいのになぁというモードになります。

なので，自分が語りをしている際には，常に視界の片隅にある時計を意識しながら話をしています。

これは，実は授業力を高める上ですごく大切なことです。新しい単元に入り，活動の説明をするとき。どうしても教師が話をしている時間が長くなりがちですよね。

そこで，あらかじめ「○分以内に話そう」って決めておくんです。

そうすると，５分なら５分で間に合うような言葉選びになってきて，言葉が洗練されていきます。

どうやら，教師は話が長くなりがちなので（自戒を込めています），「いかに喋るか」ではなく，「いかに言葉を削るか」を考えて語るのも必要なことではないでしょうか。

2章

どのように語るのか？

アウトプットを見越したインプット

この本を手に取ってくださった方へ質問です。記憶力はよい方ですか。私は記憶力がそこそこよい方だと思うのですが、読んだ本の中身ってそう簡単に記憶できるものではないですよね。

例えば、ご自身の本棚を見てください。あなたの本棚には面白そうな名前の本がずらりと並んでいるはずですが、パッと中身を思い出すことができるでしょうか。

このページを書きながら、妻に質問してみました。

私「今まで読んだ本の中で一番心に残っている本は？」

妻「坂本龍馬の伝記かな」

私「（なかなか渋いなぁ）では、その中で思い入れのあるエピソードは？」

妻「うーん……思い出せないけど、暗殺されたシーンかな」
私「ほほう。何で、そのシーンを選んだの？」
妻「『描写がリアルだった』という記憶がある。何て書かれていたかは忘れたけど」

すごくリアルだと思います。**一番心に残っている本ですら、ぼんやりとした印象でしかないわけなんですよ。**これ、私も一緒です。まぁ、読書って中身を覚えるために本を読んでいるわけではないので、忘れていくのは全然問題ないと思っています。**むしろ、たくさん忘れていった中でも覚えていることは、その人の身体の一部になったのではないかとさえ思います。**

とは言え、今回の本は語りの本です。子どもたちに語るときに、まさかこの本を片手に持って読みながら語るわけにはいかないと思うので、本の中身を自分のものにする秘訣をお教えしましょう。

それは、**「アウトプットを見越したインプットをする」ということです。**

本を読んでいる中で、自分の琴線に触れるよい文章に出合うことがありますよね。そういう文章に出合うと子どもたちに伝えたいなと思うわけですが、どうしましょうか。

まずは、文章中で「子どもたちに伝えたい」と思ったところを一度読み切ります。

次に、頭の中で一度アウトプットしてみます。**このときに大切なことは、クラスの子どもたちを思い浮かべながらやるという方法です。**小学1年生を相手にするときと、中学3年生を相手にするときには、同じ中身を伝えるにしても、伝えるときの言葉が変わってきますよね。

あなたの担当が小学1年生だとしたら、小学1年生を対象にして伝わるようにアウトプットできなくては意味をなさないんです。小学1年生対象なのに、大人向けの言葉でアウトプットしても効果が薄い。そういう視点でアウトプットしたときに語りが曖昧なところが出てくると思います。そんなときは、もう一度本を読み直したらいいんですよ。**今度はどういう表現を使えば伝わるかなと考えながら文章に触れることになります。**

一度、試してもらえれば効果がわかると思いますが、頭の中への入り方がガラリと変わってきます。ちなみに、私は妻や息子をつかまえて、アウトプットの練習をするときがあります（いつも話を聞いてくれる妻には感謝！）。

どうしても「語り」として、声でのアウトプットをするのが難しいと感じるときは、学級通信という形にして文章でアウトプットしてみてください。文章で整理すると、話をするときにすらすらと話すことができるようになります。

そして、アウトプットを見越してインプットした話を来年度、別の学年を担任するときに、その学年の実態に合うように少しアレンジしながら伝えていきます。これを繰り返していくうちに、その話はあなたの中で鉄板の持ちネタになってきます。当たり前の話なのですが、1回目よりも2回目。2回目より3回目と話すほどに自分のものになっていきます。ぜひ、お試しあれ。

いつでもどこでもメモ魔になれ

アウトプットを見越したインプットについてお伝えしました。とは言え、インプットしたものの「何を語ろうか」ということ自体を忘れてしまうことがありませんか。ほら、よく大切なことを考えていたはずなんだけど、「あれ、何だっけ」ってなってしまう現象があるじゃないですか。あの現象と一緒です。

そこで、メモ魔になることをおすすめします。私は小さいサイズのメモ帳をずっと肌身離さず持っています。そこに、面白かった出来事や、本に書いてあるかっこいい言葉をどんどん書き溜めていくんです。本だけじゃなくて、テレビや映画を観たときなんかにも書き溜めていきます。いい言葉に出合ったらすぐにメモ。とにかくメモ。これを溜めていくと語りのための財産になります。

教室で語るときに、そのメモをおもむろにポケットから取り出します。「さて、今からお話をしようと思うんだけど、先生が小学生の頃に起きた事件か、大学生の頃の事件かどっちを聞きたい？」と子どもに聞きます。私は、何回も語っているので、メモ帳なんか見なくても語れるんですが、「そんなにお話の種類があるの」という感じで期待感が膨らむじゃないですか。まぁ、一種の小道具みたいなもんです。

ただし、最近はメモする先をスマホに変えました。私はバリバリのApple ユーザーなんですが、スマホのメモはめちゃくちゃ便利です。スマホ、タブレット、ＰＣに全て同期しているので、いつでもどこでもメモしたことを呼び出すことができます。

例えば、外出先で起こった面白い出来事なんかは、スマホでメモをするわけです。で、それにちょっとひねりを加えたら教育的な話になるなと感じたら、ＰＣからそのメモを呼び出して学級通信に貼り付けるということができます。ね。便利な感じがするでしょ。まぁ、アナログかデジタルかは好みでやったらいいと思います。

ちなみに、私は読んだ本はiPadのGoodnotesというアプリに図解しながらメモしています。じっくりと考えたいときは図解しながらメモをする。「あ、この言葉いいな」というときは、メモアプリにその言葉だけをメモしています。

最後にメモを継続させるコツをお伝えします。それは「決して無理をしない」ということです。「一日一つはメモをしよう」とか、「読んだ本から必ず何かしらの言葉をメモしよう」と心に決めてしまうと、継続することが途端に難しくなってしまいます。義務で続けようと思っているものって大抵続かないじゃないですか。

あなたの心が動いたときに、気の向くままにメモをする。これくらいの心構えの方が気楽で長続きします。著者としては、この本を読み終わる頃に、あなたのメモ帳にいくつか言葉が増えていることを願いつつ……。

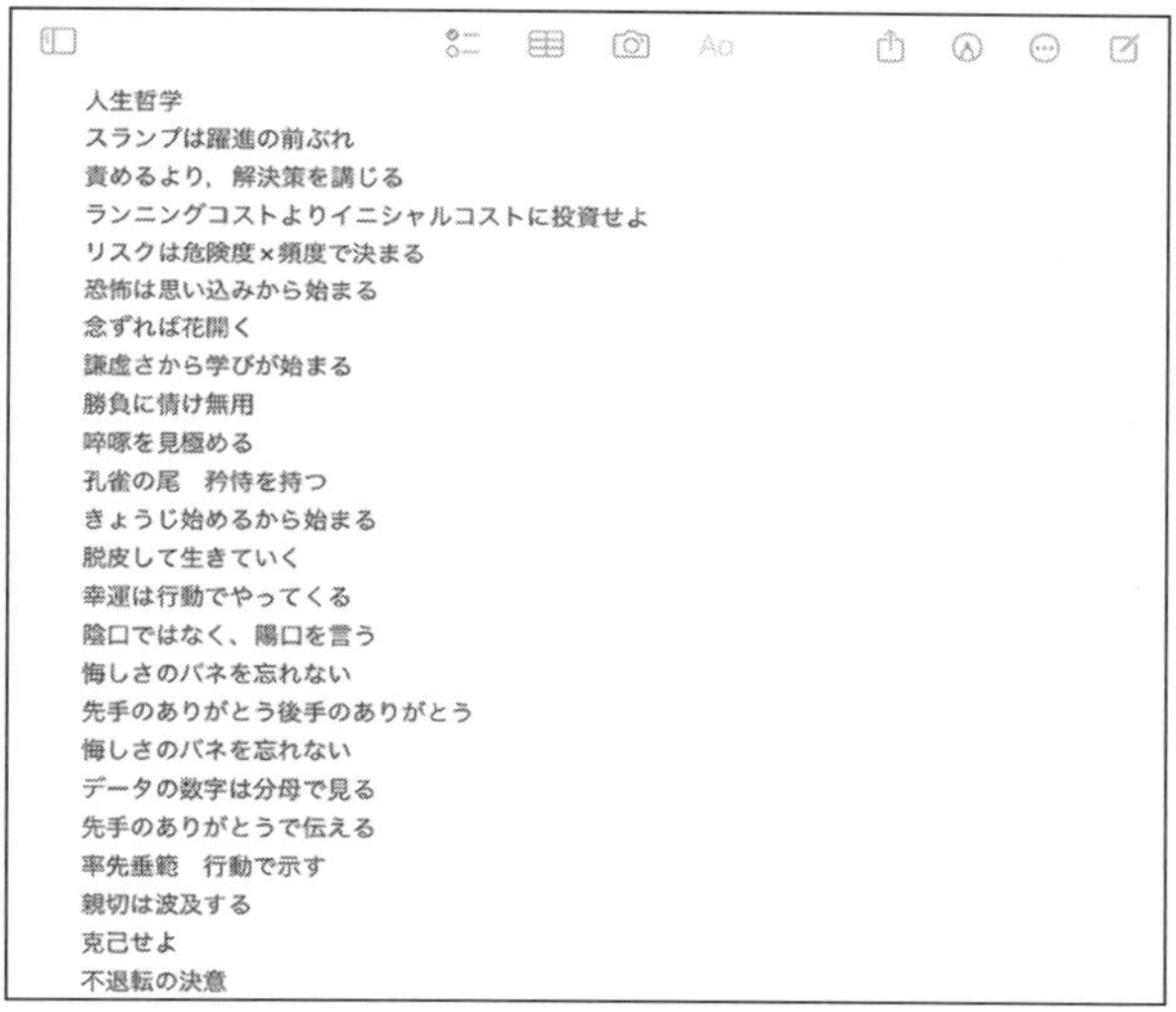

スマホのメモは一言で書く

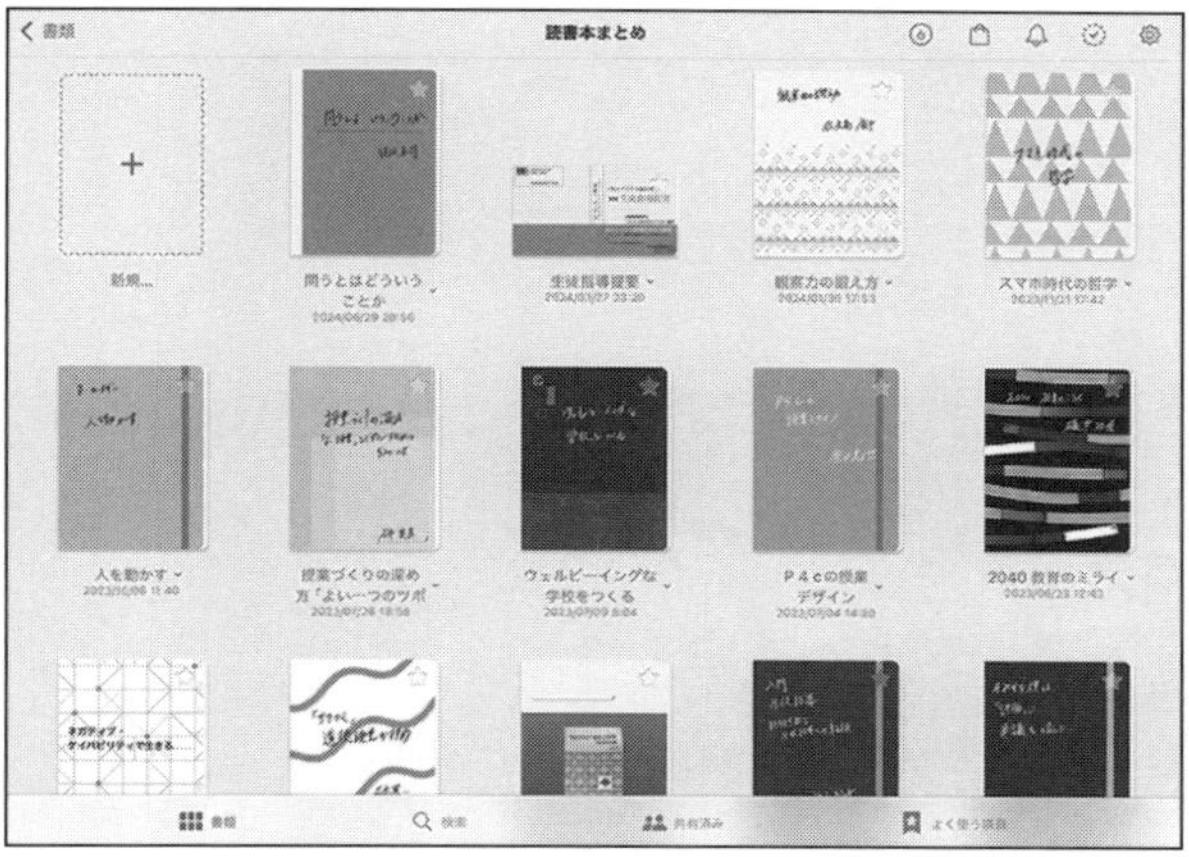

読んだ本は Goodnotes でまとめる

端的に語る技術を磨く

さて、インプットしてきたことをいざ子どもたちに語るとなったときには何に気をつければよいでしょうか。

それは、「端的に語る」ということです。

ついやってしまいがちなのが、Aということを語るのに、a、b、c、dとたくさんの要素を語ってしまうってことです。これは自戒を込めて言っています。おしゃべり好きな私もそういうことは多々ありますからね。

例えば、「給食のカレーはうまい」って話をするってとき。「給食のカレーはうまい」「それは、調理員さんが手作りでルーを作っているからだ」という二文で伝えたいことそのものは終了なんですよね。そこに、話の肉付けをしていけばいい。全校児童分のルーを作っている話。暑い中、エプロンやマスクをつけて朝から調理してくれている話。そういうのを要素として足していく。話の入り口としては、「給食のカレーはうまい」なんだけど、描くゴールとしては「給食調理員さんありがとう」になるわけです。

これを「今日は給食調理員さんに感謝しましょう」って話し始めると、何となく押し付けがましくなってしまいます。それに、面白さに欠けるかなぁと。

ここでの注意ポイントは、カレーの歴史の話とか、他の給食ではどんなメニューが好きだとか、そういうことを入れないってことです。Aの話をしたいのに、b、c、dの要素が入ってくると本当に伝えたいことがボヤけてしまいます。

後は、余分な言葉を削いでいきましょう。できれば、「えーっと」とか、そういう言葉は省いていきたい。こういうのは口癖として染み付いてしまっています。自分が喋っているのを録音して聞き直すか、誰かに聞いてもらうかしないと、見つけることがなかなか難しいです。

以前、「ちょっと」という口癖を言っていた後輩教員がいました。子どもたちに活動を伝えるときに、「ちょっと聞いてほしいんだけど」「ちょっと考えてほしいんだけど」と「ちょっと」という言葉を連発していました。

文字で見ていたらあまり感じないかもしれませんが、どうも指示が軽く聞こえてしまっていたんですよね。「あ、ちょっとでいいのね」って感じです。もちろん、その言葉が有効なときもあるでしょう。難しいことを考えるときなんかは、「ちょっと考えてみよう」ということでハードルを下げている効果もあるかもしれません。

ですが、何でもかんでも使っていると、「言葉が軽くなる」という感覚があります。後輩にそのようなことを伝えた結果、納得した上で改善してくれました。もともと喋る力があった後輩は「ちょっと」という言葉がなくなっただけで説得力が増したように感じました。

余談ですが、これは校内研究の事後研究会などでも同様です。今回の本は子どもへの語りの本なので、それこそ脱線した話になってしまい恐縮なのですが……。

「グループで討議したことを全体で報告してください」という形態ですることがありますよね。そこで、話し合いで出てきたことを全部伝えようとする人がいます。これ、みなさんはどう感じるでしょうか。

おそらく報告者はグループでの討議内容を全て伝えなくてはいけないと思い込んで、伝えているわけですが、10個も、15個も改善点を言われても、まず理解することは不可能です。いや、聞いているときは、「それもあるなぁ」と思いながら聞くことは、あるかもしれませんが「記憶に残る」ことはないでしょう。

それよりも、印象に残ったことを3つまでに絞って、具体的なエピソードや理由を語った方が、聞いている人に伝わります。

「教師の問い返し発問のタイミングがよかった。教室の雰囲気ががらりと変わり、最初はAと考えていた子たちが多かったが、Bという考えに変わった子が出てきた」

このような形で具体的に語った方が聞き手が様子をイメージしやすいと思います。

余計な方向へ話を脱線しない。余分な言葉を削ぎ落とす。ぜひ意識してみてください。

「声量、リズム、間」をコントロールせよ

今の子どもたちを話で惹きつけるというのは、かなり難しいように思います。YouTube とか TikTok とか情報がインスタントなものが流行っていますからね。一つの動画が流れ終わったら、画面が、パッと変わって次の動画が流れ出す。それに慣れちゃっている子どもたちを振り向かせるのは、相当難しいです。

そういう状況なので、何かを伝えるときに山場のない伝え方になっていないかということを常に意識しています。どんなにいい話でも山場がなく淡々と語ってしまうと、まるでお経のようになってしまうからです。

ここで、私なりのコツをお伝えしましょう。

まずは声量について。

「大事な話をするときには、少し声を大きくする」こんなことを聞いたことはないでしょうか。まぁ、それは間違っていないと思いますが、少しコツがあります。

普段の声量が1だとすると、大事な話をするときには声のトーンを落としてあえて0・8にするんですよ。そして、本当に伝えたいことを喋るときには、1・2にします。0・8から1・2に声量が上がるとメリハリがあり、話し手のエネルギーが聞いている人に伝わりやすくなります。

だったら、1を1・4にするのでも同じではないかと思う人もいるかもしれません。でもね。話し手が、大きい声を出し続けていたら、聞いている方は疲れてきます。ずっと、大きな声だと心地良さがありません。

次にリズムについて。

リズムを説明するには、「テンポ」と「リズム」の違いを説明しておく必要があります。「テンポ」は話をするスピードのことです。これに関しては、話をする人の好みもあると思うので、ここではあまり言及はしません。ただし、子どもたちの顔を見ながら、理解していなさそうだったら話すスピードを落とすなどの工夫はいるでしょう。

じゃあ、「リズム」は何かっていったら、一文の長短のことを指します。どこで息継ぎをするかなどは「リズム」の要素が大きいです。

例えば、次の文章を私が喋っているものとして見比べてみてください。

・あなたには夢がありますか。

・「夢」。あなたには夢がありますか。

一つ目の方は普通に喋っているパターンのときです。まぁ、これで伝わらないってことはないでしょう。二つ目の方は、あえて、先頭に「夢」っていう言葉をもってきました。**短い言葉が挟まれるとリズムに強弱が生まれ、聞き手の印象に残ります。**ただし、ちょっとクサい感じもあるので、多用はしません。学年集会などで大切なことを語る場面なんかでは有効ではないでしょうか。

最後は「間」について。

間。実はこれが一番大切なのではないかと思っています。日本語は面白くて、間がない話し方は「間抜け」っていうらしいです。ツラツラと間がなく喋っていたら、「間抜け」になってしまうって話です。

例えば、これから話を始めるってときに、黒板の前に行って、話を始めますよね。そこで、歩きながら話し始めている光景を見ますが、もったいないと感じます。

まずは、ゆったりと歩き、中央に行って、呼吸を整える。そして、「今から大事な話をするよ」という気持ちを込めて子どもたちの目を見る。それから話を始めます。これだけで、子どもたちの意識がかなり変わってきます。

間は音楽でいうところの休符になります。ずっと音楽が鳴り続いているのではなく、休符（間）があるからこそ、メロディーが素敵なものになるのです。

そして、私がこれまで見てきたオーラがあるなって感じる先生は間の使い方が抜群にうまかったということもお伝えしておきましょう。

「声量、リズム、間」を変えるのは、慣れるまでは難しいけれど、意識しながら話すと必ず上達してきます。ぜひ、意識しながら話をしてみてください。

実際に見て、聞いて学ぶべし

「話し方」を鍛えるには、「話し方」がうまい人の話を聞くのが一番です。身近にいれば、その人の話を聞くのがいいのですが、そうじゃない場合はアプリなどを活用するという手があります。今はVoicyなどの音声配信アプリがあり、学ぶ場が広がっているように思います（実は、私も配信しています。ぜひ聞いてみてください）。

私のおすすめはＴＥＤです。こちらは、YouTubeでも見られるプレゼンの番組です。普通に話をするのと、プレゼンをするのとでは話の構成や語り方が違うので、「語り」が上手くなりたい人は、プレゼンの番組を見る方がいいと思います。

ＴＥＤは、日本人がプレゼンしているものと、外国人がプレゼンしているものがあります。日本人がプレゼンしているものは日本語のリズムが学べます。外国人がプレゼンしているものは流れがきれいだなと思います。英語がわからなくても字幕機能をオンにすれば、誰でも理解することができます。そして、ＴＥＤのいいところは、話し方を学ぶだけではなく、話の中身も充実していることです。実は、私も実際の「語り」に生かすことがあります。

では、ＴＥＤから学んで実際に子どもたちに伝えたことを紹介しましょう。

ＴＥＤで「20時間の法則」というものが紹介されていました。

この法則を知る前に、まずは「１万時間の法則」というものを知っておく必要があります。１万時間の法則とは、物事を極めたエキスパートは、練習や努力に1万時間費やしたという事例から、スポーツであれ、芸術であれ、どんな世界でもプロ級の腕前になるには、1万時間練習が必要であるという法則です。

ただ、ＴＥＤで言われていたのは、「そんな1万時間も練習して、プロ級にならなくても、セミプロ級（素人の中では上手い）で十分ってときがあるよね」ってことでした。

確かに、趣味でやるようなものなら、プロにならなくてもいいですよね。そういう意味では20時間の法則の方が実用性がありそうです。

20時間の法則では、「正しい努力をする」「環境を整える」「道具を揃える」などが紹介されていました。この法則の紹介者は、実際に全くやったことがない初心者の状態からウクレレの演奏をマスターした様子を披露していました。

さて、この法則を言葉で伝えただけでは説得力が低いと思った私は実際にやってみることにしました。夏休みの期間を使って、この「20時間の法則」の紹介者と同様に、これまで全くやったことがなかった消しゴムはんこ作りの技を習得することにしたのです。

SNSで消しゴムはんこ作家に連絡を取ってコツを聞き、YouTubeで消しゴムはんこをつくるコツの動画を見て研究。材料や道具を揃えた後は、ひたすら練習しました。

結果は次ページに示す通りです。上達の過程をスライドで見せながら、子どもたちに20時間の法則を紹介しました。何もない状態より説得力が増したと思います。

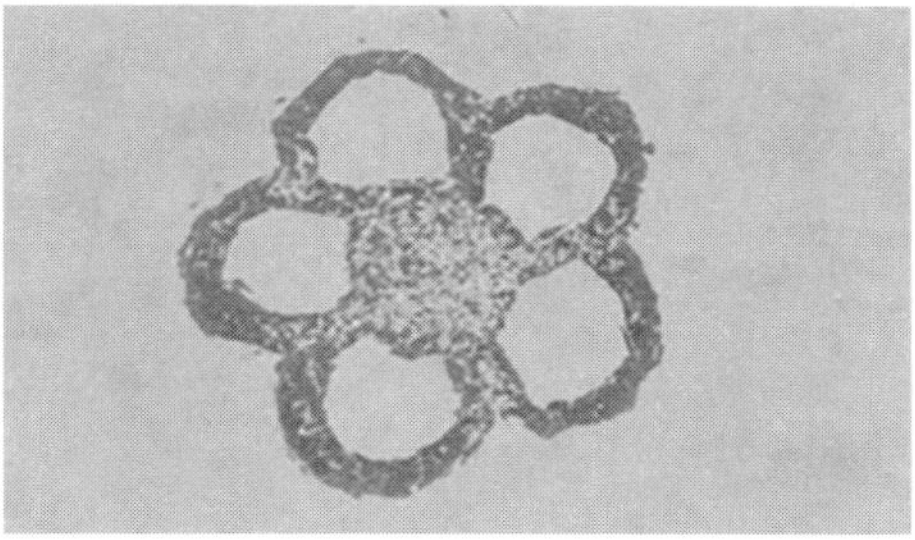

人生初の消しゴムはんこ

少し上達した後に文字に挑戦

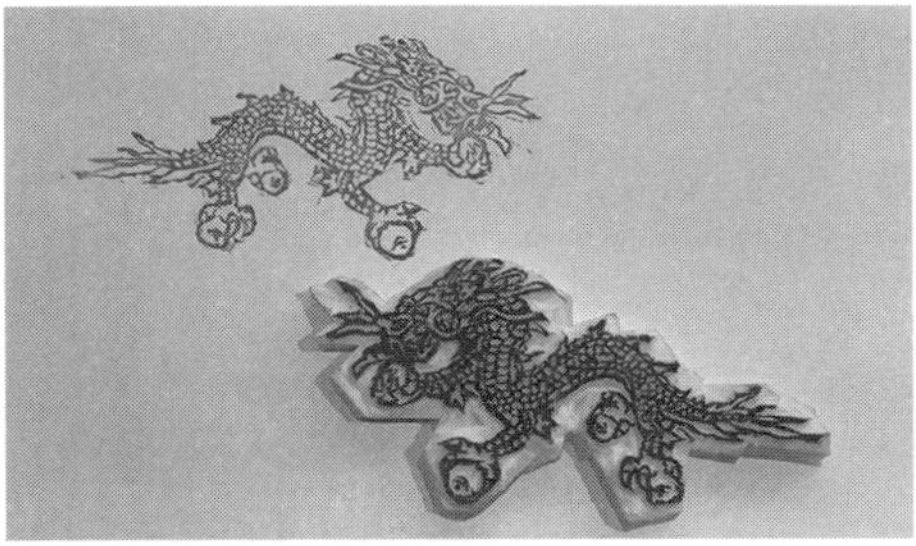

10時間練習を重ねた後
10時間でつくったブータンの国旗

「押し付けになっていないか」と省みる

みなさんは、映画館で映画を観ますか。私は、映画館で映画を観るのが大好きなんです。映画館で映画を観ている間は、何者にも邪魔されず、作品の世界に没頭することができますよね。エンドロールが流れている間は、映画のことを思い返しながら余韻に浸る至福のひとときとなります。

さて、映画を観終わった後はいかがでしょうか。誰かと感想をシェアしたくなりませんか。私は「このストーリー、涙が出るくらい良かったよ」とか「この演出がすごくてさ、最後にどんでん返しが起こるんだよ」って伝えたくなります。

これは、誰かと一緒に映画を観に行っているときだったらいいんですよ。その人も同じ映画を観たわけだから、私が感想を言ったときに、「そうだね」と同意することもできるし、「いや、私は演出よりも俳優の演技の方がグッときたよ」と別の意見を言うこともできますよね。

もしも、この映画を観に行ってない人が聞き手だったらどうでしょうか。その映画に興味があって、「あの映画の演出について語ってほしい」と言われたら別ですよ。そうじゃなければ、「ストーリーに感動した」とか、「演出がよかった」とかを詳しく言われても「知らんがな」ってなりますよね。

これ、教室で語るときも同じことを意識したいなって思います。子どもたちに「知らんがな」って思われるような話だと、語っていても効果が薄いわけです。

例えば、あなたが読んだ本、映画、ドラマ、何かしら心が動かされたものを子どもたちに伝えようと思ったとします。でも、それを「こんないい話があった。友達って素晴らしい。だから友達を大切にしよう」って伝えても、その本、映画、ドラマを知らないから、あなたの感じた熱量ではなかなか伝わらないんですよね。

なので、いい話やいい言葉は、詳細を伝えるのではなく、**あくまでも「紹介しています**

よ」っていうくらいの意識で伝えるようにしています。

「友達は大切だから、大事にしましょう」じゃなくて、「友達を大切にするっていうのに、こういう考え方もあるんやなぁ。みんなはどう思う?」くらいのニュアンスで伝えていきます。そこで、「いや、全然そんなの思わない」って子どもがいてもいいじゃないですか。だって、私たちが彼ら彼女らに渡しているのはあくまでも「考える材料」なんですから。「へぇ、そんな考えもあるんやなぁ」という子が一人でもいたら、まぁよかったなぁという感じです。

押し付けにならないように気をつけている理由は他にもあります。**子どもたちに語るときには、ある種の怖さもあるということです。**特に低学年の子どもたちへの語り。大抵の子どもは非常に純粋です。スポンジのごとく、こちらが言ったことを吸収していきます。まだ、自分の価値観や考え方をもっていない子どもたちに対して、「友達とは仲良くするべき」などと、こちらの考えを押し付けていくのは怖さもあるということです。なぜなら、**教師だって間違うことがあるからです。教師だって一人の人間ですからね。**

だから、私は子どもたちに「自分で考える」ということを常々伝えています。

教師の語りに対して「なるほど」と感心してくれるのはいいのだけれど、それを鵜呑みにしているとまずいときもあるかもしれません。

我々大人は子どもたちに語る上でそういうバランス感覚を常に大切にしていきたいものです。

「これが絶対正解」という感覚で教え込むように語ってしまうと、考え方が偏ってしまうのではないかと怖がる感覚は常に頭の片隅に置いておきたいものです。

そんなことばかり考えすぎていては語れなくなってしまうので、あくまでも頭の片隅に置いておくという意識で語っていけばよいのではないかという話でした。

COLUMN

自分の声を聞いてみる

授業のレベルアップをしようと思ったら，自分の授業を録画して見返すのが一番手っ取り早い方法です。

ですが，多くの人はやっていないことでしょう。なぜなら恥ずかしいからです。自分の声を録音したものを聞くと，「自分ってこんな声なんだ」と恥ずかしくなるからです。

恥ずかしくならないようにするには，慣れるしかありません。最初，私も自分の声を聞くのが恥ずかしくてたまらなかったです。ですが，一歩踏み出してしまえば，慣れてくるもので今は自分の声を聞いても恥ずかしさは全くありません（Voicy という音声アプリで発信したものを自分でよく聞き返しています)。

さて，自分の声を聞いているといろいろなことに気づくことができます。

例えば，「自分では抑揚をつけて話しているつもりなのに，イマイチ抑揚がついていない」「大事なところで噛んでしまっている」「テンポがもう少し早くてもいいかな」と，こんなことに気づきます。

自分ができているつもりでも聞き手にとっては，こういうふうに聞こえているのだなということがわかるので，自分の声を聞いてみるというのはおすすめの練習方法です。

3章

何を語るのか？

ポジティブになれる話

みなさんは「ポジティブ思考」でしょうか。それとも「ネガティブ思考」でしょうか。文献を当たっていると、大小差はあれ、日本人はネガティブな人の割合が多いようです。

ただ、学校という集団生活を営む場の中では、「ネガティブに考えてもいいけれど、それを大きな声で口に出して欲しくない」という思いはあります。

「何かをやっていこうぜ」ってなったときに、教室にいる誰かが大きな声で「やだ！」と言うと士気が下がるじゃないですか。**誰かのポジティブさや、ネガティブさは、声に出して伝えると波及していくんですよ。**これは経験上、間違いないと思っています。

と、書きましたが、学級経営していく上では前向きな明るいクラスの方がいいですよね。

「明るい」というのは、「イェーイ！」ってことじゃなくて、**しっとりとしていても、前向きに頑張れるクラスということです。**

余談ですが、「ポジティブ」を語るときには、セットで「ネガティブ」の話をします。実は、芸術家や発明家は「ネガティブ」な人の方が多いそうです。それはなぜかというと、物事に対してネガティブに考えるからこそ発明品が生まれるということらしいです。

例えば、ポジティブな人は何かあったとしても、「まっ、いっか」で片付けますよね。私もそれに近いタイプです。ところが、ネガティブな人は、「う～ん、困ったなぁ。何とかならないかな」と考え続けるわけです。困りを解消しようと悩むからこそ、発明品に結びつくのです。悩み続けるとか、用心深いという性質はネガティブな人の特徴であり、特権です。無理にポジティブ思考になる必要はありません。ただし、「教室では、声を大にしてネガティブ発言をするのはやめてね」という感じでセットで伝えていきます。

「こういう前提があるんだ」と思いながら、この節を読み進めてもらえたら幸いです。

一人目の勇者に続く勇気を

ねらい≫ 何かに挑戦している子を讃え、その輪を広げていく

突然ですが、みなさんは『ドラゴンクエスト』というゲームを知っているでしょうか。これは、とても有名なゲームで、主人公が勇者となり、仲間を集めて、世界を支配している魔王を倒しにいくというストーリーのゲームです。やったことはない人も、何となく聞いたことはあるかもしれませんね。いわゆるＲＰＧというゲームになります。

さて、今回注目したいのは、この「勇者」についてです。ゲームの中の話とはいえ、この「勇者」、とても偉いとは思いませんか。だってね。世界を支配している魔王に立ち向かっていくなんてことは、なかなかできないことだと思うのですよ。万が一にでも、命を落としてしまったらどうしよう……と、そんなことを考えてしまいます。しかも、世界平和を願って、魔王を倒しにいくということが偉いじゃないですか。まさに「勇気のある者」で勇者だなと思います。

実は、このゲーム……勇者一人で魔王に立ち向かうわけではないんですよ。物語を進めていくと「仲間」が登場します。仲間は勇者のことを守ってくれたり、回復してくれたり、一緒に攻撃をしてくれたりします。

この仲間がいるおかげで、勇者は魔王を倒し、ハッピーエンドを迎えることができます。勇者一人の力では、到底、世界を支配している魔王には勝てなかった……。

ところで、これと同じ場面を先日、学校でも見かけました。それは、「全校朝会」のときのことでした。

校長先生が、「素敵な挨拶ってどんな挨拶だろうね」と投げかけたとき、このクラスでは、パッと一人の人が手を挙げたんです。

その姿はまさしく「勇者だな」と思いました。

だってね。全校児童の前で発表するなんて、とても「勇気」がいることじゃないですか。

先生が子どもの頃のときのことを考えると、全校児童の前で発表する勇気はなかったなぁ。

で、ここからが、このクラスは素晴らしかった。

パッと手を挙げて発表をしたA君に引き続き、Bさんと、C君も手を挙げたんですね。

きっと、A君が発表をしている姿に勇気をもらい、自分たちも続いていこうと思ったのでしょう。

もし、これがA君だけが、発表して終わっているとしたら、それは単に「A君が頑張っていたね」という話で終わっていたことでしょう。でも、そこにBさんと、C君が続いてくれた。

きっとこのクラスには、その姿を見て次に発表するタイミングがあったら「僕もやろう」「私も頑張るぞ」と思った人がいるのではないでしょうか。こうやって、勇気を出す人が増えてきたら、それはもう個人の成長ではなく、集団の成長になっていくのではない

でしょうか。

今回は、「全校朝会」という場でしたが、「勇者」になるタイミング、そして、その人に続いて「勇気を出す」タイミングは学校ではたくさんあります。

例えば、クラスの代表委員を決めるとき。委員会で委員長を決めるとき。授業中に発表をするとき。毎日のようにチャンスはやってきます。

一人目の「勇者」となった人は偉いですね。でも、その勇者に続いて、挑戦をしようとした「勇気のある人」もまた同様に素敵だと思います。

以上、「二人目の勇者に続く勇気を」の話でした。

—Point—

全校朝会での発表や代表委員を決めるとき、決まった子ばかりが手を挙げるというシーンを見かけます。普段から何度も繰り返し、こういう話をしていき、クラス全体に「挑戦するぞ」という雰囲気をつくっていきたいものです。

陰口ではなく陽口を言う

ねらい≫陰口という悪い習慣をやめて陽口という良い習慣が根付くようにする

「陽口」(黒板に書く)これは、何と読むかわかりますか。正解は「ひなたぐち」と言います。さて、「陽口」とは何のことでしょうか。きっと、初めて聞いた人も多いはず。

「陽口」は、「陰口」の反対の言葉です。「そこにいない人の悪口を言うのが陰口」なので、その反対で「そこにいない人のいいところを言うことが陽口」となります。この言葉はインターネット上で誰かが言ってから広まってきた言葉だそうです。「その場にいない人のいいところを言う」っていうのは、なんだか素敵なことだと思いませんか。

「陽口」のことを考える前に、少し「陰口」についても考えてみましょう。

みなさんは、相手に直接言う「悪口」と相手がいないところで言う「陰口」とでは、どちらが悪いと感じていますか。

どちらも悪いことには変わりませんが、先生は特に「陰口」の方が良くないと思っています。

相手に直接言う「悪口」は、その場に相手がいるので、相手の人は言い返すことができます。事実と違うことは「違う」とその場で否定することができます。

ところが、「陰口」の場合は、相手は言い返すことができません。何せ、その陰口を言われている相手の人は、その場にいないのですから……。

すると、何が起きるか想像できますか。最初は軽い気持ちで言っていた陰口も、言い返す人がいないと、いつしかエスカレートして、話が大きくなっていきます。この陰口は「いじめ」への入り口となっています。

そして、この「陰口」は相手に届かないだろうと思って言っているかもしれませんが、いつしか回り回って相手の耳にも入ることになります。**すると、それを言った人は「陰口を言う人」ということで信頼がない人と認定されることになります。**

では、陽口の場合はどうでしょうか。

陽口を言う人は、人から信頼される人になれると思います。なぜなら、「人のいいところを見つけられる人」だからです。

「陰口」の場合で考えてもわかるように、本人に直接言っていない「陽口」も、また回り回って、本人に届くことになります。すると、その「陽口」が届いた人はハッピーな気持ちになりますよね。

陽口なんて言わなくても、直接言えばいいんじゃない。そう思った人もいるかもしれませんね。

でも、面と向かってほめる言葉を言うのが恥ずかしいときだってあるじゃないですか。だから、そういうときは陽口で言えばいい。

そして、誰かが、「陽口」を言っていたのを聞いたときには、ぜひ、その本人に伝えてあげてください。

すると、その言葉を伝えたあなたと、陽口を言っていた人との両方からほめられているような気分になって、言われた方は嬉しいはずです。悪口や陰口を言って、誰かを貶めるような人になるのではなく、相手のいいところを見つけられる素敵な人になれればいいですね。

ぜひ、「陰口ではなく、陽口が言える」人になってほしいと思います。

—Point—

陰口が見つかる前に予防的に話すのも効果があると思いますが、陰口が見つかってから対処するために話すのも効果があることでしょう。できれば、教室に「聴く」という空気感をつくってから、しっとりと話をしていった方が効果があるでしょう。

悔しさのバネ

ねらい》失敗、敗北、挫折したときはそれを糧にするということを考える

先日、運動会がありましたよね。運動会の代休日、ゆっくりと休めましたか。赤組のみなさん、本当によく頑張っていたと思います。

今日は運動会の中であったできごとについて、お話をします。

先日の運動会のクラス対抗リレー、結果はみなさんが知っての通り、赤組は2位でしたよね。

ところで、運動会が終わり、教室に帰ってきたときに○○さんが泣いていたんですよ。何で泣いているのかなと思って○○さんに聞いてみたら「悔しくて泣いています」ということでした。

「悔しくて泣く」っていう経験がみなさんにはあるでしょうか。

負けても「全然悔しくないよ」っていう人もいるかもしれません。それはそれで大人な感じもしますが、「悔しくて泣く」っていうのも、思いがあふれていて、素敵だなと思います。

みなさんは知らないかもしれないですが、元卓球選手に福原愛さんという人がいます。彼女は4歳くらいから卓球を始め、天才卓球少女「愛ちゃん」の名前で親しまれていました。そんな愛ちゃんは、よく泣きながら卓球をしている様子がテレビで放送されていました。

それくらい小さい子どもでも「悔しいなぁ」という感情はあるんですよね。愛ちゃんは、その後もめげずに練習を続けた結果、プロになり、オリンピックで活躍するほどの選手になりました。

さて、今日は、こんなものを持ってきました。

先生の手元を見てください。これは先生が普段から使っているボールペンです。みなさんは、このボールペンの中身を見たことがありますか。あまりないですよね。

では、今からこのボールペンを分解してみたいと思います（ボールペンを分解する）。分解してみました。中に入っていたこのパーツ、何だかわかりますか。今、先生が手で押し縮めているパーツです。そう。答えは、「バネ」です。

では、この「バネ」は手で押し縮めて離すとどうなるかわかりますか。どこかにビヨーンと跳んでいきますよね。このバネは縮んだら押し戻そうとする力が働きます。

このバネというのは、少ししか縮めなかったら、少ししか跳んでいかないんですよ。これを今やっているみたいにたくさんぎゅーっと押し縮めたら、どうなるでしょうか。ビヨーンと大きくジャンプして跳んでいってしまいます（黒板にバネが跳んでいっている様子を描きながら説明）。

この「バネ」は、「〇〇さんが流した涙」と一緒だなと先生は思います。悔しい気持ち。感情。それがあるってことは、このバネみたいにぐっと力がたまっている状態だと思うんです。

この「悔しさのバネ」を心の中に置いといてください。そうすると、次に何かをやるときに、あなたの心の中で、頑張るぞというエネルギーになって、ビヨーンと跳んでいきます。

この「悔しさのバネ」があるからこそ大きな成長につながると思うんです。悔しい気持ちは忘れずにもっておく。

負けたときのその感情。失敗したときの悔しいなという思い。それは、ぜひ大切に心の中にしまっておいてください。

―― Point ――

運動会などの行事の後におすすめの話です。泣いている子を励ますために話をしてみました。実物を見せるのは非常に有効なので、ぜひ、ボールペンを分解しながらお話をしてみてください。また、「悔しさのバネ」と書いてどこかに掲示物として残しておくと、クラスのキーワードとなりますのでおすすめです。

心のバリアを破るべし

ねらい》 学年が上がり、恥ずかしさが芽生えてきたときに恥ずかしさの殻を破る

やる気まんまんで、５年生になったみなさん。

ですが、最近少しずつ、いろいろな場面で「恥ずかしい」という気持ちが出てきているのではないでしょうか。

登校してきて、朝の「おはよう」の挨拶をするとき。

音楽の授業でみんなの前で歌を歌うとき。

体育の学習でダンスを発表するとき。

どの場面も本来なら、元気よく、明るくできたらいいなと内心では思いつつも……「恥ずかしい」という気持ちが前面に出てきて、なかなか思う通りにいかないということがありますよね。

実は、先生も小学生の頃、同じように恥ずかしいなと思うときがありました。国語の授業のときに、クラス全体で話し合いをする場面では、心の中ではたくさん考えがあるのに、手を挙げて発表するのが恥ずかしくて、とても嫌だったんです。

ところで、私たちには、なぜ「恥ずかしい」という気持ちが芽生えてくるのでしょうか。**実はこれは、心が成長している証なのです。人間、成長するにつれて、自分のことを客観的に一歩引いて見ることができるようになっていきます。**

すると、前まで失敗しても気にならなかったのに、「失敗したらどうしよう」という気持ちが芽生えてくるのです。だから恥ずかしく思ってしまう。

これを「心のバリア」といいます。失敗したらどうしようと、あなたを守るために心の前にバリアができるのです。この「心のバリア」はなかなかに厄介で、「恥ずかしい」と思って挑戦をしなくなったら、余計にバリアができてくるのです。

最初は一重だったバリアも二重、三重とどんどん分厚くなっていきます。

では、小さい頃はバリアがなかったのでしょうか。

バリアがなかったかどうかを確認するために一つの動画を見てみましょう。実はこれは、先生の息子が幼稚園の音楽会で発表したときのものです（あなたの学校の1年生が頑張っている様子を映した動画などでも、代用することができます）。

【動画では、音楽会で歌を歌っている様子が流れる。なお、どの子も前のめりになりながら、声がかれるくらい大きな声で歌っている。もちろん、音程が合っているかどうかを気にしている子は誰もいない】

どうでしょうか。「恥ずかしい」と感じて小さな声になっている子はいなかったですよね。

みなさんも小さかった頃は、ここに映っている子と同じように恥ずかしがらず全力で、歌ったり、踊ったりしていたはずです。

話を「心のバリア」の話に戻します。

実はこの話を聞いているみなさんはとてもラッキーです。今はまだ、バリアがそこまで分厚くなっていないからです。

大人になってから、この「心のバリア」を破るには相当の覚悟がいります。なぜなら、仕事をする上では失敗できない場面が多々あるからです。

ところが、みなさんはまだ「小学生」です。学校では、いくらでも失敗してくれても構いません。学校は「心のバリア」を破る練習ができる場なのです。

このクラスには失敗を笑う人は一人もいませんし、仮にそんな人がいたら、先生が厳しく注意します。

ぜひ、「心のバリア」を破って、成長してほしいなと思います。

―Point―

「語り＋動画」で構成してみました。動画は、YouTube などで拾ってくることもできますが、できることなら、学校の様子や自分の家族の様子などのものを使うと、よりリアリティが増すのではないでしょうか。

「思い込みメガネ」を外す話

人間の脳は面白くて、日々、いろいろな「思い込み」をしています。これをバイアスということもあります。

例を挙げ出したらキリがないけれど、「女の人は可愛いものが好き」とか「男の人は力持ち」とかそういう性に関するものから、マーフィーの法則のように、「食パンを落としたら、バターを塗った面が必ず下に落ちる」というものまであります（余談ですが、バターを塗った面を落としたときの方が印象に残るから、そういうように考えてしまうらしいです）。

「思い込みメガネ」が外れた経験を高校生の頃にしました。当時、空手の練習を頑張りすぎて、右足が肉離れを起こしてしまいました。本当に痛くて、一晩中眠れなかったことを今でも覚えています。結果、ギプスをして、松葉杖を使う生活となりました。

私が通っていた高校は、山の上にある高校。普段は自転車通学だったけど、当然その足では無理ですよね。そこで、治るまでの間、バス通学をすることになりました。

バス通学時、バスに揺られて立っていると、目の前の人から声をかけられました。

「こちらの席にどうぞ、お座りください」

その席は優先座席でした。何と優先座席に座っていた高齢の方が譲ってくれたのです。

私はそのときハッとしました。「バスなどの優先座席は、若者が高齢者に席を譲るのが親切だ」と、思っていたんですよ。ところが、**実は「本当に困っている人、本当に必要な人に席を譲るのが親切だ」と気がつきました。私の思い込みメガネが外れた瞬間でした。**

私は、この出来事があってから、人に席を譲れるようになりました。それまでは、何となく声をかけるのが恥ずかしくて譲ることができなかったんですよ。でも、目の前の人が困っているかもなって思ったら、勇気を出して声をかけなきゃなって。

「思い込みメガネ」を外すことができたら行動が変わり、人生が変わるかもしれません。

曲がらない直線はない

ねらい≫人間、誰しも不調なときがある。そんなときはどうするかを考える話

いきなりですが、問題です。

15歳未満の子どもは、現在世界に約20億人います。国連は、２１００年に子どもの数が約何人になると予測しているでしょうか。

Ａ　40億人　Ｂ　30億人　Ｃ　20億人

さぁ、答えはどれでしょうか。考えてみてください。

このままでは難しいのでヒントを出します。

（次ページのグラフを提示『FACTFULNESS 10の思い込みを乗り越え、データを基に世界を正しく見る習慣』（ハンス・ロスリング他著、日経ＢＰをもとに作成）

次のグラフを見てみましょう。１９５０年には10億人に満たない数です。

２０００年をちょっと過ぎた後には、20億人くらいになっています。

では、もう一度考えてみましょう。２１００年には、人口はどうなっているでしょうか。

今、手を挙げてもらいましたが、Aが人気ですね。直線をそのまま伸ばしていったところがAですよね。

実は……正解はCです。つまり、現在の子どもの数と２１００年の子どもの数は変わらないままなんですよね。

考えてみればわかることですが、日本では子どもの数が減っていますよね。一人当たりの女性が子どもを産む数が減っているのです。そういうニュースはみなさんだって見たことがあるはずです。

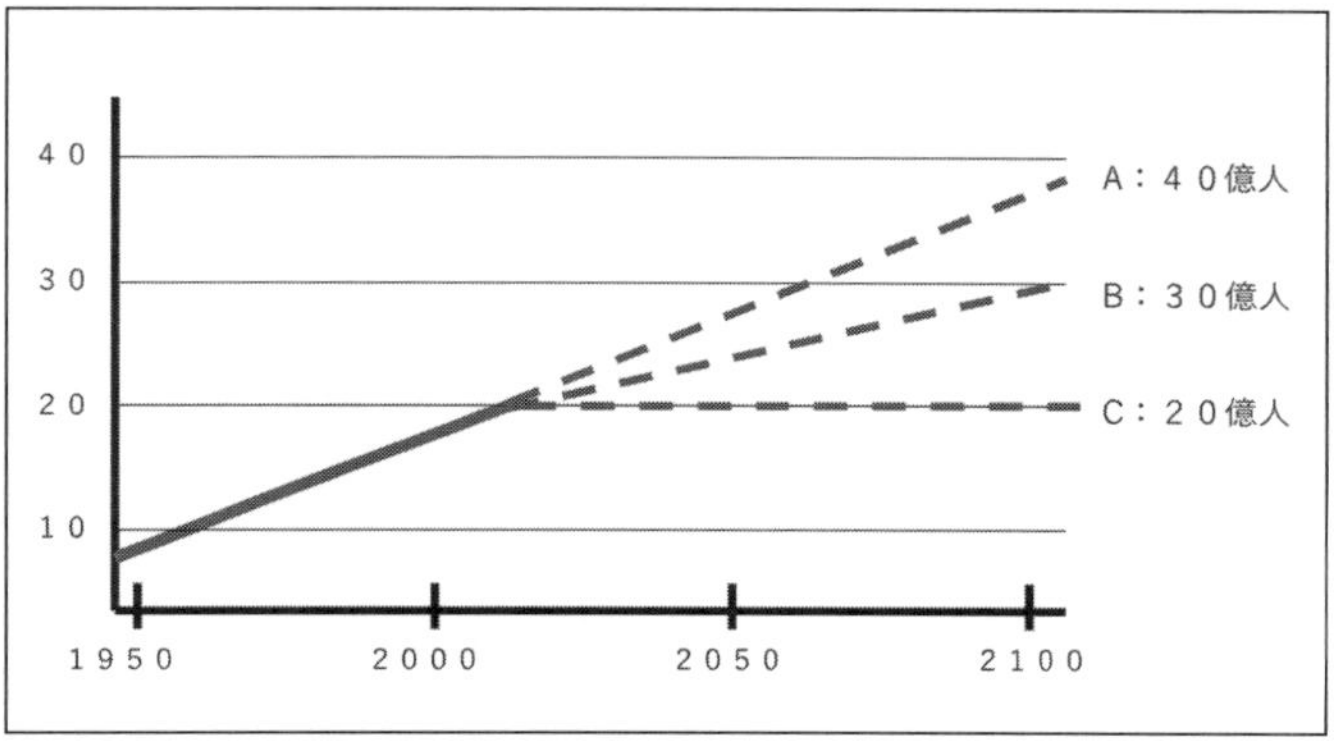

これは、日本だけで起こっていることではなく、アメリカやフランスなどの欧米でも同様の現象が起こっています。

もちろん、まだ子どもの人口が増えている国もあります。ですが、経済や教育が安定している国では、子どもの人口は減っているのです。総じて、2100年には、子どもの人口は横ばいになるということでした。

では、なぜ、みんながAを予想したかというと、**みなさんには「直線本能」というのがあるんですよ。人には、真っ直ぐ伸びている直線はその先も真っ直ぐ伸びていくのではないかと思いこんでしまう本能があります。**

ところが、現実は違います。先ほど見た直線のように、ずっと直線が続くということはありえないんですよ。

今、世界で増えている人口だって、いつかは頭打ちになって止まります。

身長が伸び続けている赤ちゃんだって、無限に身長が伸びるわけではありません。

つまり「曲がらない直線はない」ということなんですね。

これを自分の生活に置き換えてみたら、どんなことが考えられるでしょうか。

私たちは練習や努力を積み重ねると、つい「直線のように成長し続ける」と思いがちです。ですが、調子が悪いときや、力が発揮できないときもあります。あるいは、何かをやる中で壁にあたるときもあります。そうです。線は曲がるということです。

壁がやってきたときは成長のサインであると知っていたら大丈夫です。直線的に成長し続けるのではなく、線は曲がることがある……つまり、「曲がらない直線はない」ということをお守りのように頭の片隅に置いてほしいと思います。

【参考】

・ハンス・ロスリング・他2名（著）、上杉周作・関美和（訳）『FACTFULNESS』日経ＢＰ、２０１９年

—Point—

このお話は、実際に黒板に直線を書きながら視覚に訴えながら進めると良いでしょう。『FACTFULNESS』は、思い込みを外してくれる良書なので、ぜひこの本を読んで、噛み砕いて子どもたちに伝えてほしいです。ポジティブになれる話の「悔しさのバネ」の話とセットで話をしてみると相乗効果がありそうです。

データの数字は「分母」を見よ

ねらい≫物事を客観的、俯瞰的に見て考えられるようにする

突然ですが、みなさんに質問です。

算数のテストをした結果が3位でした。

嬉しいでしょうか。それとも嬉しくないでしょうか。

「嬉しい」と答えた人も「嬉しくない」と答えた人も、これは数字のマジックにかかっています。

仮に、先生がこの質問をされたとしたら、何と答えるのか。

その答えは「わからない」になります。

今、3位で「嬉しい」と答えた人。おそらく、教室で3位ということを思い浮かべたはずです。たくさんいる中で、3位っていう数字はすごいですよね。

一方、「嬉しくない」って答えた人は、「1位じゃなかったしな」ということや「そもそも順位を比べるものではない」と考えたかもしれませんね。

ところで、この3位という数字。「何人中の3位か」ということを伝えていませんでしたよね。ここをみなさんにも考えてほしいのです。

教室という枠の中で見たら、30人中の3位なので、すごいことですよね。

もしかしたら、このテストは全国共通試験という全国の小学6年生が受けているテストかもしれません。そしたら、約１０３万人中の3位かもしれません。この場合、3位というのは驚く数字になりますよね。

でもね。実は放課後に残っていた3人が受けたテストかもしれません。するとどうでしょうか。3人中の3位……つまり、最下位ということになります。あれれ。すごくはないですよね。

「本来、テストの結果は人と比べるものではない」と、言いたいところですが、今回はイメージしやすいようにテストの結果ということでお話をしてみました。

みなさんが「嬉しい」か「嬉しくないか」を判断したのは、分数で言うところの「分子」の部分になります。

でも、本当に物事を見極めたいのならば、「分母」の方を見てほしいのです。

「分母に対して、分子はどのくらいあるのか」

こういうふうに分母と分子という数字をセットで見ることができるようになると数字のマジックに引っ掛からなくなってきます。


では、もう一つ質問をしてみましょう。

ある宝くじ売り場では、他の宝くじ売り場よりも3倍高額当選者がでるパワースポットと言われています。それはなぜでしょうか。


さて、最初の話が伝わったみなさんなら、もうわかりましたよね。

当然、パワースポットと言われる宝くじ売り場は人気なので、宝くじを買いにくる人が増えます。

普通の売り場で、当選する人が100人買って1人だとしたら、パワースポットの売り場では、300人買って3人になっている。ただ、それだけのことなんです。

どうでしょうか。世の中で示されている数字は分子だけしか示されていないことが多々あります。その数字を見て、パッと多いとか少ないとか判断するのではなく、「待てよ。分母はどうなっているのだろう」と考え、調べられるような人になってください。こうやって立ち止まって考えられる人は、自分の思い込みから抜け出すことができます。

【参考】

・三田紀房『エンゼルバンク』12巻、講談社、２０１０年

―Point―

物の見方・考え方の話です。子どもたちはつい分子だけで判断しがちです。そこで、分母にも着目できるように話をしました。社会科などでグラフのデータを見る際には分母にも気をつけると、より客観的・俯瞰的に判断できるようになります。黒板に実際に分数を書きながら説明をしてあげると、よりイメージがしやすくなります。

その言葉を一番聞いているのは

ねらい≫ポジティブな言葉遣いをできるようにすること

難しい問題に出合ったときに、こういう言葉を発する人はいませんか。
「こんなの絶対にできっこない！」

さて、あなたが発したこの言葉を一番聞いているのは誰でしょうか。
一番近くの席にいる友達？　それとも先生？

答えは「あなた」です。あなたの口から発せられた言葉から一番近い距離にあるのは、あなたの耳です。つまり、「こんなの絶対にできっこない！」という言葉は、自分で言って自分に言い聞かせていることになるのです。

人間の脳は面白くて、言葉によって「暗示」がかかるという性質があります。

「できっこない」という言葉を聞いた脳は、自分で自分にブレーキをかけてしまいます。逆に、「やればできる」という言葉を聞いたとしたら、自分ができるようにエンジンをかけてくれます。この性質を利用して、プロのスポーツ選手は、試合前に鏡に映った自分に対して、「やればできる」と声をかけて、自分の脳に暗示をかけて、精神集中をしているという話を聞いたこともあります。

あなたは、もしかしたら、これまでの経験から「この問題は難しそうだな。できないかもしれないな」と思ったのかもしれません。でも、それを口に出して言ってしまうと、それがより強化されてしまうのです。

さらに言うと、教室の場合だと、あなたのその言葉を聞いた友達にも影響を与えているかもしれません。友達が「さあ、やるぞ！」と思っていたとしても、あなたの「できっこない」が聞こえてきたら、脳がそちらに反応してしまうかもしれないからです。

かの有名なマザー・テレサはこんなことを言っていました。

思考に気をつけなさい、それはいつか言葉になるから。
言葉に気をつけなさい、それはいつか行動になるから。
行動に気をつけなさい、それはいつか習慣になるから。
習慣に気をつけなさい、それはいつか性格になるから。
性格に気をつけなさい、それはいつか運命になるから。

思考していたことが言葉となり、言葉で発していたことが、行動になる。行動し続けていたことが、習慣となり、それが積み重なると性格になる。人は性格にそった行動をし続けるので、それがその人の運命になる。そのように考えると、思考を変えることは運命を変えることになるということがわかります。

ただ、思考を変えるのは難しいのではないかとも思います。

もともとネガティブ思考の人が、たった今からポジティブ思考に変えなさいと言われたとしても、変えることは難しいですよね。

そういう意味では、「言葉を変える」というのが、一番簡単に運命を変えられる方法だと思いませんか。難しそうな問題に出合ったときに、難しそうだなと思ったとしても、「できそうだな」と口に出せばいいからです。口に出しているうちに、脳がそう思い込み、挑戦するという行動につながっていくわけです。

ぜひ、あなたのポジティブな言葉をあなたの脳に聴かせてあげてください。

―― Point ――

人間、何を考え、何を思っても自由です。ただし、学級ではネガティブな言葉が飛び交うと、周りにいる子にまで影響を与えるので、あまり好ましくないことでしょう。こういう子がいる場合は、「マイナスのことを心の中で思うのは自由なんだけどね」と共感しつつも、このような話をしてみてください。

全力って何%のこと?

ねらい》集団の中でも埋もれてしまわず全力で力を発揮する

次の絵を見てください（綱を引っ張っている絵）。この人は、「全力で綱を引っ張ってください」と言われました。さて、何%の力で引っ張っているでしょうか。70？ 80？ 90？……いろいろな答えが出てきましたが、答えは簡単。100%の力です。全力を出すっていうのは、100%の力を出すことを言います。

では、次の絵を見てください（綱を2人で引っ張っている絵）。この人たちも先ほどと同様に「全力で綱を引っ張ってください」と言われました。さて、それぞれ何%の力で引っ張っているでしょうか。

先ほど学習したから簡単ですよね。答えは100%……？

実は、答えは93%になるそうです。あれ、全力は100%のはずなのに……。

続いて、引っ張る人が3人になりました（綱を3人で引っ張っている絵を提示）。さて、勘が鋭いみなさんなら、何％の力になったか予想できますかね。

そうです。みなさんが予想した通り85％の力となりました。

まだあります。最後は引っ張る人が8人になりました（綱を8人で引っ張っている絵を提示）。さて、一人当たりの引っ張る力は何％の力になったでしょうか。

正解は……なんと、驚きの49％になりました。もちろん8人とも「全力で引っ張ってください」と言われたんですよ。では、なぜこのような結果になってしまったのでしょうか？

引っ張る人数が増えるほど、タイミングが合わなかったり、向きが合わなかったりで、100％の力が出せなかったということはあります。でも、100％の力を出せなかった理由はそれだけじゃないんです。

「隣の人が頑張ってくれる」という意識が無意識のうちに働いてしまっていたのです。

このように無意識に手を抜いてしまうことを心理学の用語で「リンゲルマン効果」という

そうです。

これ、実はクラスの中でも起こっているのではないかと思います。

例えば、授業で挙手して発表する場面。先生が投げかけたことに対して、10人くらいの人が手を挙げている。一見すると多いようにも見えますが、裏を返せば、30人中の10人なので、残りの20人は手を挙げていないことになります。

その20人は、「全力で頑張っていた」と言えるのでしょうか。

確かに、「頑張って考えたけども、どうしてもわからない」ってことや、「めちゃくちゃ恥ずかしくて、今は手を挙げられない」っていう人もいることでしょう。その人たちにまで、無理に手を挙げなさいとは言いません。

だけど、「わかっているけど、どうせ誰かが言ってくれる」と考えて、手を挙げていない人もいるのではないでしょうか。

今、ドキっとした人がいましたね。自分の心に聞いてみてください。「全力を出せていますか」ってね。

最後に、これを脱する方法を教えておきます。それは「目標をつくること」なんです。

常に全力を出すことは無理かもしれないけれど、「この授業で、1回は手を挙げて発表するぞ」とか、「1日のうち、この授業は頑張って発表するぞ」とか目標を立ててみてください。

すると、全力、つまり、100％の力が出せます。自分の成長のために、1日1回は全力を出せるといいですね。

—Point—

手が全然挙がらないときに、この話をしました。「手を挙げなさい」だと、説教臭くなってしまうので、心理学の例を交えながらのお話となります。この手のお話は、深刻にならないように、なるべく明るいトーンの声で語りかけたいものです。

よく真似び、よく学ぶ

ねらい≫「真似をするのはいけないことだ」という思い込みを外す

図工の指導をしていると、「先生、○○さんが真似をしてきます」という相談を受けることがあります。

真似をされた方は、きっと気分が良くなかったのでしょう。

真似をした方は、きっと「あ、ここが素敵だな」と思って真似をしたことでしょう。

ここで、「真似をする」ということについて少し考えてみたいと思います。

先生が中学校のときの美術の時間には「模写」という授業がありました。名画を一つ選んで、その絵の通りに描いて、色を塗っていく……つまりは真似をして描くという授業でした。

これは、何のためにやった授業でしょうか。

名画の模写をやってみてわかったのは、山を塗る際に使われていたのは緑だけではないということでした。筆に色をつけて上にトントンと乗せていく「点描」という技法を使って塗ったのですが、使った色は緑色、黄緑色、黄色、オレンジ色……と実にたくさんの色だったんですね。

模写をする中で、山を表現するのに実にたくさんの色を使うんだということと、ベタ塗りするのではなく、点描で塗った方が奥行きが出るということを学びました。

どんな分野のどんなにすごい人でも最初からプロの人はいません。誰でも最初は初心者です。

では、そんな初心者が上達するにはどうしたらいいかというと、上手い人の「真似」をするところから始めるのです。絵でいうと、上手い人は「描く技術を知っている人」です。その技を真似するからこそ上達していくのです。これは、絵だけではなく、どんなことにも当てはまることです。

ところで、「学ぶ」という言葉は、どこから生まれたか知っていますか。

実は、「学ぶ」という言葉は、「真似ぶ」という言葉からきた言葉なんです。

こう見ると面白いですね（黒板に「真似ぶ」と書く）。学ぶのは、真似をするところから始まるってことですね。

文章が上手くなりたかったら、いい文章を視写します。

絵が上手くなりたかったら、いい絵を模写します。

自主勉強をするときの自主学習ノートもいい人の真似をします。

こうやって徐々に真似をしながら上達していくのです。

と、いうわけで、図工の時間には「素敵な塗り方だな」というものや、「構図が面白いな」と思うものはどんどん紹介していきたいと思います。

その絵を見て、素敵だなと思うポイントはどんどん吸収してほしいと思います。

ただし、真似をするときに一つだけ気をつけてほしいところがあります。

それは、人の作品には著作権があるということです。著作権とは、作品を無断で利用されないように守る権利のことです。あなたが、自分で絵の練習をするために模写をするのはいいのですが、それを世に発表して自分の作品だということはできません。

図工の時間の場合でも、人の絵を丸写しして、自分の作品ですということはできません。その作品には著作権があるからです。

「色の塗り方」「ものの配置」「構図」、そういったものは、どんどん吸収して学んでほしいと思います。

そこに気をつけながら、どんどん「真似び、学んで」ほしいと思います。

Point

「先生、隣の人が真似をしてくる」ということがあった際にお話をしました。真似は別に悪くないし、真似をされるのは名誉なことであるということが伝わるように、学期の初めの方で話をしておきたいものです。このお話は、図工だけではなく、作文、自主学習、ノートづくり、表現運動など、様々な場面で当てはまる話です。

かっこよく生きる話

「生き方がかっこいい人」や、「考え方がかっこいい文章」に出合うことがあります。一度きりしかない人生。どうせなら「かっこよく生きたい」って思いませんか。

教師は子どもの前に立つ存在である以上、かっこいいところもたまには見せたいじゃないですか（毎回だと息が詰まるかもしれませんが……）。ただ、カッコつけたいってことじゃなくて、**その方が、彼ら彼女らに希望が与えられるのかなって思っています。**

基本的に、私が話をするときには失敗談とか面白い話の類が多いのですが、学生の頃に勉強を頑張ったという話は子どもたちにします。教師が実際に体験した話は、どんなたとえ話よりも説得力があるからです。

私の座右の銘は「雨垂れ石を穿つ」です。どうですか。この言葉、カッコよくないですか（笑）意味としては、「継続は力なり」とほとんど一緒の意味です。では、なぜこの言葉を使っているかというと、「穿つ」というところに「突破力」というニュアンスが入っているのではないかなと思って使っています。

実は、私は高校3年生のときに大学受験に失敗して、浪人することになりました。その当時の高校のクラスから浪人したのは40人中、２人。絶望の日々の幕開けでした。

だけど、そこから、一日も欠かさずに毎日10時間以上勉強し続けました。結果、一年前はE判定だった第一志望のところに受かることができました。

そこから、私の座右の名は「雨垂れ石を穿つ」となりました。

私の場合は「受験」でしたけど、運動であれ、芸術であれ、何かしら打ち込んできたことがあるなら、それは子どもたちに伝えてあげた方がいいと思います。

学生の頃の話じゃなくても、今、頑張っていることでもいいと思います。**「かっこよく生きる話」をして彼ら彼女らの心に火をつけられたら嬉しいですね。**

負けず嫌いの三段階

ねらい≫ 「負けず嫌い」のタイプについて知り、自分の行動を見つめ直す

勝負事があったとき。あるいは「テスト」などの結果が返ってきたとき。「あぁー悔しいなぁ！」「いや、全然悔しくなんかないし」こういった言葉が聞こえてくるときがあります。みなさんは、「負けず嫌い」でしょうか。それとも、「負けず嫌い」ではないでしょうか。

今日は、そんな「負けず嫌い」についてのお話をします。

日本の囲碁のプロ棋士に「張栩（ちょうう）」という人がいます。

知らない人のために、少し説明をします。張栩さんは、台湾の人で6歳の頃に囲碁を始めました。台湾で囲碁を勉強してメキメキと実力をつけてきた張栩さんは、10歳の頃に日本に来てプロになるために、日本のプロに弟子入りすることを決心します。

想像してみれば、わかると思いますが、みなさんと同じくらいの年頃に、親元を離れ一人で外国に行き、そこで弟子入りをするというのは並大抵のことではないはず。きっと、寂しい日や、台湾に帰りたくなった日もあることでしょう。

そこで、諦めずに努力をし続けた結果、張栩さんは念願叶って日本でプロ棋士になることができました。その後、実力をつけて、ついに「名人」というタイトルを取るところまで登りつめました。

そんな張栩さんが「負けず嫌い」には三段階あると言っています。今から、それを紹介します。

まずは、「その場だけの負けず嫌い」です。

準備をせずに、勝負をして負けた、その場だけ悔しがる「負けず嫌い」です。これは「負けず嫌い」とは言えないと張栩さんは語っています。

テストが返ってきたときを思い浮かべてみてください。点数が自分の思うように取れなかったときに、「悔しい！」という人がいます。でも、その人は本当に準備を入念にしてきた人でしょうか。準備を十分にせずに、テストを受けた結果が満足のいくものではなく、悔しがっているとしたら……これは「その場だけの負けず嫌い」に当てはまるのではないでしょうか。

次は「準備した上での負けず嫌い」です。

自分がいい結果を残したいと思ったら、準備をしたり練習を積んだりしますよね。その上で、結果が出なかったことを悔しがるとしたら、これは「準備した上での負けず嫌い」ということになります。

先ほどのテストの例でいうと、自分で学習の計画を立てて、自主学習などで復習をした上でテストに臨んだけども満足のいく結果が出ずに悔しがっている。これは「準備した上での負けず嫌い」に当てはまるでしょう。

最後は、「真の負けず嫌い」です。

真の負けず嫌いはもう一段階上である。「自分の人生の全てを賭けて」という部分が加わってくる。そのように張栩さんは言っています。

流石に「人生を賭けて」ということはみなさんの中ではないかもしれません。ですが、何かを極めるプロというのはそれほどまでに真剣にやっているということをみなさんも覚えておいてください。

「悔しい！」という言葉を発する前に、自分は負けず嫌いのどの段階なのかなと少し振り返ってみてもいいかもしれませんね。

【参考】

・張栩『勝利は10％から積み上げる』朝日新聞出版、２０１０年
・藤尾秀昭（監修）『１日１話、読めば心が熱くなる３６５人の仕事の教科書』致知出版社、２０２０年

――Point――

学校現場では、「勝ち負け」を争う場面が昔ほどは多くはなくなってきたかもしれません。ですが、「テストを受ける」という行為一つとっても「自分との戦い」というように言えるでしょう。何かに悔しがっている様子が見られたら、すぐに「負けず嫌いの三段階」の話をしてあげてください。「鉄は熱いうちに打て」が原則です。

コミュニケーションの達人の話

ねらい≫「ありがとう」という言葉を大切にして、ありがとうが言える人になる

黒板に今から書く数字は何の数字かを当ててみてください。

「7・5」

この7・5は何の数字でしょうか。

そして、もう一つ数字を書きます。次の数字は何でしょうか。

「4・9」

「7・5」と「4・9」これは、日本人が1日にあることをする回数です。

正解を言います。**この数字は日本人が1日に「ありがとう」を言う平均の回数と「ありがとう」を言われる平均の回数なんです。**

この数字は、キットカットで有名なネスレが、全国の日本人の10代~50代の男女千人に

アンケートを行って出てきた結果です。
「ありがとう」を言っている回数は、7・5回。
「ありがとう」を言われている回数は、4・9回。
これ、おかしくないですか。7・5－4・9をすると、2・6回分、「ありがとう」が消えていることになりますね。

2・6回分。日本の人口を概数にして1億人で計算した場合、2・6億回の「ありがとう」が消えていることになっています。

では、「ありがとう」は、どこに消えていっているのでしょうか。
「ありがとう」がどこかに飛んでいって消えていったわけではありません。

実は、「ありがとう」と言っているのに、届いていない「ありがとう」がたくさんあるということなんです。

言う側の声が小さくて届かなかった「ありがとう」

受け取る側が何か別のことをしていて気づかなかった「ありがとう」

そういう「ありがとう」がたくさんあるんです。

もったいないですね。言っている本人は「ありがとう」と感謝を伝える気持ちがあるのに、実際には伝わっていない「ありがとう」

ところで、世の中には「幸福度を高める研究」というものがあります。

この幸福度を高める研究でわかった「幸せに生きるために大切なこと」の一つとして「ありがとう」を大切にするということがあります。

なぜ、「ありがとう」を伝えることが幸福度を高めることになるのでしょうか。

「ありがとう」と言われて嬉しくない人はいませんよね。「ありがとう」と伝えると、そこから人と人のつながりが生まれます。それが、幸福度につながるということが研究でわかったそうです。

せっかく「ありがとう」と言うのなら、みなさんには人に届く「ありがとう」を言ってほしいと思います。

相手の目を見て言う「ありがとう」

気持ちを込めて心から言う「ありがとう」

そして、それを受け止めようという気持ち。

こんな「ありがとう」があふれると、クラスが素敵な場所になると思いませんか。

【参考】

・前野隆司・前野マドカ『ウェルビーイング』日本経済新聞出版、２０２２年
・ネスレＨＰ「日本人の『ありがとう』を徹底解剖！　キットカット　調査リリース」
(https://www.nestle.co.jp/media/pressreleases/allpressreleases/20130924)

Point

数字を覚えられない人は、あらかじめスライドなどで用意して、お話を進めていくと良いでしょう。黒板やスライドで実際に数字を示して語りをすることで、話にインパクトが生まれてきます。プレゼンをする際には「数字」を入れることで説得力が増しますので、ぜひ数字を入れながら語ってみてください。

リンカーンの斧

ねらい》物事を準備することの大切さを知る

〈書写の学習の時間にて〉

さて、みなさん、書写の学習の準備はできたでしょうか。「準備ができた」という人は手を挙げてみてください（全員、手が挙がったのを確認）。

なるほど。全員手を挙げていますね。

今日は、一つ面白い話をしましょう。アメリカ合衆国に16代目大統領リンカーンという人がいました。みなさんも名前くらいは聞いたことがあるはずです。アメリカの南北戦争の中で、奴隷解放を進めた偉大な大統領です。

有名な言葉として「人民の人民による人民のための政治」という言葉がありますよね。

さて、このリンカーンはあるとき、

「もし木を切り倒すのに6時間与えられたら、私は（　　　）を斧を研ぐのに費やすだろう」

と、言いました。（　　　）には、時間が入ります。どのくらいの時間だと思いますか。

10分。30分。1時間。いろいろな答えが出てきていますが、どれも違います。

正解は……何と「4時間」でした。

6時間中の4時間ということは、分数にすると3分の2になりますよね。そんなに斧を研いでいたら、実際に木を切る時間がなくなってしまうのではないかと思いませんか。

実は、木を切るときには、それくらい斧を研いでおくということが大切なのです。考えてもみてください。斧が錆びていて、全く木が切れないような状態だとしたら……何時間、木を切り続けていても、全然木を切ることができないですよね。

でも、斧を研ぐという準備を入念にやっていて、木をスパスパと切ることができるようになっていたとしたら……その後の2時間で作業を巻き返すことができそうです。

実は、これは日常のいろいろな場面でも同じことが言えるのではないでしょうか。何かの取り組みを始めるときには、準備がとても大切なのです。そして、一言で「準備」と言っても実は、いろいろな準備があります。

「リンカーンの斧」を例にして考えてみましょう。「斧を持ってくるだけの準備」はただ「モノを用意しただけの準備」です。この後の取り組みのことはあまり考えていません。**「斧を研ぐ準備」は、この後の仕事効率を高めるための「一段階レベルの高い準備」です。**

さて、話を「書写の準備」に戻しましょう。今から言う準備ができているかどうか、みなさんで一緒に確認をしましょう。

・お手本は机の上に置けていますか（書写はお手本を見て学ぶ教科です）
・十分な量の墨液はすずりに入っていますか（途中で足すと集中が切れます）
・半紙の中心が自分のおへそに合うように真っ直ぐ置けていますか
（半紙が斜めになっていたり中心があっていなかったりすると、字がゆがみます）
・筆先は整っていますか（筆先が整わないと字形が整いません）

・文鎮は置けていますか（文鎮を置いていないと字がずれます）
・整った字形で字を書こうと「心」を整えていますか（心が乱れていると集中できません）

ここまで準備ができていて、初めて「いい字」が書けます。今日は「リンカーンの斧」という話をして、書写の準備について確認をしました。このお話はいろいろな場面で当てはまることでしょう。**モノを用意する「ただの準備」ではなく、効率や質を高めるための「一段階レベルの高い準備」をすることを心がけてみてください。**

【参考】
・鈴木隆矢「人生に悩んでいる人へ。リンカーンの名言『6時間で木を切り倒すためには…』英語&和訳（偉人の言葉）」
(https://news.yahoo.co.jp/expert/articles/84910b183c8fd5e19c0dcf1027263a13c983781)

—Point—

リンカーンという誰もが知っている人物の名言を例に出すことで語りに説得力が増します。「偉人の言葉を借りてくる」というのは、語りの中で説得力が増すコツになるので、ぜひ使ってみてください。

学びは謙虚さから生まれる

ねらい》どんなときでも謙虚に学ぼうという姿勢を育てる

「そんな問題、知っているわ」「塾で習ったことあるし」

みなさんから、たまに聞こえてくる言葉です。

さて、この言葉を使う人たちは、今から習うことをどのくらい吸収できるでしょうか。もしも、これから習うことが全く新しいことだとすると、きっと「頑張って吸収しなければ」と思い、最大限に集中する人も多いのではないでしょうか。ですが、「これまで習ったことがあることだ」と思うと、勉強に身が入らない……そんなことは誰しもあるかもしれませんね。

そこで、「謙虚さ」の登場です。

例えば、算数の時間。今日解く問題をあなたは塾か何かであらかじめ解いて、やり方を知っていたとしましょう。そこで、「どうせ、解き方を知っているからと思い、手を抜きながらやる」のと、「塾で習った問題だけど、もしかしたら自分の理解は完璧ではないかもしれない」と謙虚になりながら学ぶのと、どちらの方が身につく学びになるでしょうか。

また、こんな言葉があります。吉川英治さんの座右の銘として知られる**「我以外皆我師也（われいがいみなわがしなり）」**という言葉です。**自分以外のモノや人は全て師匠……つまり、いろいろなことを教えてくれるという意味です。**「自分は、すでに学習をして解き方も知っているし、今日の勉強は学ぶところがない」と思いながら授業を受けるのと、「友達が説明しているのを聞いて、何か学べるところはないか」と意識しながら授業を受けるのとでは、何が変わってくるでしょうか。

もしかしたら、「算数の問題の解き方」としては、新しく知識として得られることは少ないかもしれません。ですが、謙虚に学ぼうという姿勢があると、「人を納得させるような説明の仕方」や「考えを整理するノートのまとめ方」などは友達からどんどん吸収できるかもしれません。

そうなってくると「算数としての成長」というよりも、「人としての成長」があるかも

しれませんね。

さて、謙虚になるときに大切なことがあります。それは、人に「質問をする」ということです。質問は、自分の中で理解を終わらせるのではなく、友達の意見を聞いて、自分の考えに付けたそうとする行動だからです。

実は質問には2種類あります。

一つは、「わからないことを明らかにするための質問」です。これは、みなさんがよくやっている質問です。「ここがわからないから、もう一度説明してください」という質問の仕方は普段からよくしていますよね。

もう一つの質問は、「わかっていることだけど、より詳しくわかるための質問」です。勉強するときに「謙虚になろう」と思ったら、こちらが大切です。

「少し、詳しく教えてくれませんか」や「私は○○と考えたんですけど、~という意味ですか」などは、謙虚にならないと出てこない質問です。

このように、わかっていることを質問してみると、自分がわかっていなかったことが出てくることが多々あります。そうです。「わかっていることを質問」という言葉を使いましたが、**実はそれは、「わかっている〈つもり〉」だったということがわかります。**

質問をすると、あなたの学びになる上に、その質問の答えを聞いているクラスの友達のためにもなります。クラスで質問をするということは、一石二鳥になることですね。

余談ですが、先生は、ここにいるみんな（クラスの子どもたち）のことも「先生」だと思って授業をしています。なぜなら、授業をしている中では「へぇーそんな考えもあるんだ！」ということの連続だからです。まさに「我以外皆我師也」ですね。

——Point——

塾に行っている子が多いときに、このような話をします。特に学年が上がるにつれて通塾率は上がっていきますので、高学年に有効な話ではないでしょうか。「質問」の話は、クラスで協働的な学びを実現するために、とても大切なことなので、一度で終わらず、年度を通して何度も語ってあげてください。

人間関係を豊かにする話

いろいろなジャンルの話をする中でも、人間関係の話は本当に大切なジャンルではないかなって思っています。

なぜなら、**基本的には「人間は一人では生きていけない」からです。** どうでしょうか。日本において、「完全に周囲から独立して一人で生活をしている」という人はいるでしょうか。もしかしたら、どこかの山奥で、自給自足を行い、全く人と接することなく生きている人はいるかもしれません。でも、通常は何かしら人と関わりをもって生きています。というわけで、人間関係を豊かにしていくのは、人として生きていく上で大切なのです。

「学校」は社会に出るまでの準備をする場所というふうに私は捉えています。子どもたちは、けんかしたり、仲直りしたりする中で、人間関係の構築について学んでいます。

そこにプラスして、教師が「人間関係を豊かにする話」を語ることによって、「人間関係」に関する考え方を養ってあげたいと思っています。これは教師の役割だなとひしひしと感じています。もちろん、親も人間関係を築くために大切なことを言ってくれるでしょうが、クラスでの人間関係の有り様を見ているのは、やはりそこにいる担任なのです。

例えば、挨拶について。朝、登校したら「おはようございます」と言います。下校するときには「さようなら」と言います。誰かに何かをしてもらったら「ありがとう」「どういたしまして」とやりとりがなされます。こうやって考えてみると、少なくとも1日に5回は挨拶をしているのではないでしょうか。年間の登校日数が約200日なので、5×200で、年間1000回以上の挨拶をします。この挨拶が意味をなさない「作業」になるか、それとも「人間関係を良くする手段」となるかは、教師の語りによって変わると信じています。これは、一例ですが、「日常の何気ない行動」が「意味のあること」になるかどうかは、教師の語りによる影響が大きいのではないでしょうか。

「先手のありがとう」「後手のありがとう」

ねらい≫ 人に指摘をするときも相手が嬉しくなるような伝え方を考える

〈委員会のポスター作りの時間にて〉

さて、「学校をより良くする」ために作るポスターとしては、どのようなものが考えられるでしょうか。

「廊下を走るの禁止」
「ゴミのポイ捨てはダメ」
「トイレのスリッパを脱ぎっぱなしにしないで」

今、このような言葉が出てきました。どれも中身としては、とても大切なことだと思います。

今日は、同じことを言うにしても、相手の心に届きやすい「表現」の仕方を考えていきましょう。

先日、バイクに乗って通勤しているときのことでした。

信号待ちのときに、目の前に1台のトラックが止まったんです。そこに積んでいる荷物が珍しかったので、思わず見入ってしまいました。

何と、そのトラックが積んでいたのは「トイレの便器」だったんですよ。

へぇ、珍しいなと思い、そのトイレが入った段ボールを何気なく見ていたら、ある言葉が目に入ってきました。そこには次のような言葉が書かれていました。

「ドライバーの方へ

いつもトイレの便器を丁寧に運んでくださり、ありがとうございます」

これを見たときにハッとなりました。何せ、その便器はまさに今、運んでいる最中であり、まだ運び終わっていないんですよ。

それでも「ありがとうございます」と書いてある。これって不思議だなと。

これと同じ表現はまさにトイレの中でも見つけることができます。
「ご利用の皆様へ
いつもトイレをきれいに使ってくださり、ありがとうございます」
このような張り紙をしてあるのを一度くらいは見たことがあるはずです。

通常、「ありがとう」という言葉は、何かをしてもらったときに言う言葉ですよね。つまり「後手のありがとう」なんですよ。

ところが、今回見つけたトイレの「ありがとう」は、何かをしてもらう前の「ありがとう」です。これは「先手のありがとう」と言えそうです。
もちろん、何でもかんでも「先手のありがとう」で伝えてもうまくいくとは限りません。でも、「ダメ」「禁止」という言葉がたくさん並んでいるよりも、「ありがとう」という言葉が並んでいる方が気持ち的には晴れやかになりますよね。
学校をよくするためのポスターを作るときには、通常「できていない人」のことを考えて作りますが、「できている人」のことも考えて作ってもいいと思います。

できていなかった人には、「まろやかに」心に届き、できていた人には、「感謝の気持ち」として心に届く。

そんな「先手のありがとう」を使ってみてはどうでしょうか。

Point

何かを啓発するようなポスターは年に何回か作るチャンスがあるのではないでしょうか。「禁止」「ダメ」以外の表現を教えてあげることで、子どもたちはまろやかな表現を使えるようになります（この後、クラスの掲示物でもまろやかな言葉が増えました）。

ろうそくのようになれ

ねらい》周りの人に少しでも勇気や元気を与えられるような人になる

6年生ともなると、いろいろな場面でリーダーとして活躍することがありますよね。運動会などの行事、たてわり活動、クラブ活動や委員会など。

リーダーシップを発揮する活躍は、周りを明るくする太陽みたいだなって思うことがあります。チームのみんなが活躍できるようにと、引っ張っていく姿は素敵だなって思います。

では、6年生になるとみんながみんな、前に立ってリーダーシップを発揮する必要があるのでしょうか。もしかしたら、この中には前に立ってリーダーシップを発揮して、ぐいぐいと物事を進めていくのが苦手な人もいるかもしれません。

そんな人に伝えたいのは、「ろうそくのような人になれ」です。別に、太陽みたいに明るくみんなを引っ張っていけなくてもいいんです。

さて、太陽とろうそくの違いは何でしょうか。

まずは、太陽のことを思い浮かべてみてください。太陽は、全世界を平等に明るく照らしています。とても広い範囲を明るく照らしてくれていますよね。太陽は、まさに周りを明るく照らし、道を示すリーダーシップを発揮している人のようだとも言えるでしょう。

人間の生活に太陽はなくてはならないものです。いや、人間だけではありません。動物だって、植物だって、太陽の光を浴びて、成長しています。

もしも、太陽がなくなってしまったら……真っ暗闇の世界がやってきて、生き物は生きる希望がなくなってしまうことでしょう。

次にろうそくのことを思い浮かべてください。誕生日には、誕生日ケーキにろうそくを立てて、フーッと息をかけて消すってことがこれまでにあったかもしれません。

なんだかホッとする一場面ですよね。ろうそくは、誕生日ケーキとそのケーキを囲んでいる周りの人だけを照らしています。

先ほどの太陽と違うのは、「周りの人だけ」照らしているというところです。つまり、必要なところにだけ、灯りを届けているのがろうそくの役割だと言うことができるのではないでしょうか。

ろうそくは太陽とは違い、なくても困らない……かもしれません。今の時代、電気がありますし、スマホのライトで照らすこともできます。

ですが、ろうそくは、必要だと感じる場面で、必要なところだけを照らしているというところが太陽とは違い、いいところだなと思います。

あなたが、みんなの前に立たなくても、目の前の人に優しくできる人だったとしたら。

あなたが、みんなの前に立たなくても、目の前の人のことを考えられる人だったとしたら。

きっと、目の前の人からしてみたら、あなたは「ろうそくのような人」になります。目の前にいる人に勇気を与えられるということです。

別に大勢に対して、リーダーシップを発揮するだけが人生ではありません。目の前の人に対して、勇気を与えられる。そんな生き方もいいとは思いませんか。

前に立ってリーダーシップを発揮するのは苦手だなと感じる人は、ぜひ、目の前の人のことを考えて、目の前の人を明るく勇気づけられる「ろうそくのような人」を目指してみてください。

―Point―

高学年の子どもたちに語りたい話です。高学年になるとつい「高学年になったから、学校を引っ張っていくんだ」とリーダーシップのことを語りたくなりますが、リーダーシップを発揮するのが難しい子もいます。頭に浮かんだその子とたっぷり視線を合わせながら、優しく語りかけてほしいと思います。

一挨一拶～挨拶は真剣勝負である～

ねらい》挨拶の語源を知り、挨拶したいという意欲を引き出す

おはようございます。さて、今日の朝、自分から友達に挨拶ができた人（挙手）。たくさんいて嬉しいですね。ところで「挨拶」って何のためにやっているのでしょうか。

先ほど言った、「おはようございます」これは漢字で書くと「お早うございます」になります。実は、この言葉には次のような意味合いがあります。

「お早い時間からご苦労様です。今朝の調子はいかがですか」

「お早い」というところから転じて「お早う」となっているのですね。この言葉は相手の調子を伺うコミュニケーションの言葉でした。

では、「こんにちは」はどうでしょうか。

「こんにちは」は漢字で書くと「今日は」となります。これは「きょう」とも読めますね。続きの言葉は、「今日（こんにち）は、調子はどうですか」となります。

「こんにちは」も「おはよう」と同様で、相手の調子を尋ねる言葉なんです。

さて、ここまで挨拶の漢字の意味を調べていたのですが、そもそも「挨拶」ってどういう意味だろうと気になったので調べてみました。

思い返してみると、この「挨」「拶」っていう漢字は、「挨拶」以外にあまり使われているところを見たことがないですよね。

それぞれ意味を調べると、次のような意味がありました。

「挨」これは、「押す、押し込む」という意味があります。

「拶」これは、「迫る、切り返す」という意味があります。

「押す」と「迫る」、何だか積極的なイメージの言葉が並んでいますね。なぜ、このような言葉が使われているのでしょうか。

実は、挨拶はもともと仏教用語で「一挨一拶」という言葉からきています。

「一挨一拶」は、どういう意味かというと、修行僧同士が相手のさとりの度合いの深さを探るために行われていた真剣勝負の問答のことだそうです。

さて、みなさんの場合はどうでしょうか。みなさんは、挨拶をして相手と勝負をしているわけではありませんね。ですが、もしもできるのならば相手と勝負する気持ちで、「自分から」挨拶できたら、相手の人はより嬉しくなるかもしれません。

挨拶が苦手な人は、「相手より先に挨拶をすると勝ち」というゲーム感覚で挨拶を捉えてみてはどうでしょうか。一人に勝ったら1ポイントとしておくと、さて、明日の朝は何ポイントになるでしょうか。こんなことを考えていたらワクワクしてきますね。

「挨拶は真剣勝負」これは、何も相手と競い、先に挨拶ができるかどうかだけを指しているのではありません。

自分の中で挨拶をするときに、「めんどうだな」「恥ずかしいな」と感じる心とも戦っているると言えるのではないでしょうか。そんな心と真剣勝負をして、明日の朝、素敵な挨拶をしてみてください。

そして、できる人は、そこからコミュニケーションをして、相手との会話を広げられたら素敵ですね。本来、挨拶はコミュニケーションをとるためにやっているのですから。また、明日の朝、結果を聞かせてくださいね。

【参考】

・麻田弘潤『気になる仏教語辞典』誠文堂新光社、２０１８年

Point

挨拶は大切であるということは、子どもたちは知っていることです。だけど、繰り返し伝えていかないと、なかなか自分から挨拶をするというのは定着しないものです。折りを見て、繰り返し挨拶の大切さを伝えてあげてください。語源を紹介する際には、黒板に書きながら説明することをおすすめします。

やまびこの法則

ねらい≫人との関わり方、言葉遣いについて考え直す

あの人は、何で私に対して、キツい言い方をするのだろう。

あの人はどうして、僕に対して、あたりが強いのだろう。

そういうことを思ったことは誰しもあるはずです。

そして、そういうことを思った人が次に考えることは、「どうしたら、あの人は変わってくれるのだろうか」ということですね。

自分に対しての、態度や言葉遣いが優しいものになってくれれば嬉しいなと、そんなことを思うわけです。

先生も子育てをしているときに、ウチの子はどうやったら優しい子になってくれるだろうか、そう思うことがあります。

でもね。これは実はすごく難しいことなんです。**自分じゃない、他の人を変えるってことは、本来できないことなんですよ。**

その人が「優しくしたいな」って思わないと、優しい言葉遣いにはならないですよね。

そんなことを悩んでいるときに出合った言葉が、「やまびこの法則」です。

みなさんは、山登りをしたことがありますか。山の頂上に着くと、つい向こうの山に向かって「ヤッホー」と大きな声で叫びたくなりますよね。「ヤッホー」と叫ぶと、向こうから「ヤッホー」と返ってくる。これを「山びこ」と言います。

山びこをやったことがある人はイメージがつくと思いますが、あなたが言った言葉がそのまま返ってきますよね。

もしも、「ありがとう！」って叫べば、「ありがとう！」って返ってきます。

もしも、「バカやろう！」って叫べば、「バカやろう！」って返ってきます。

「ありがとう！」って叫んでいるのに、「バカやろう！」って返ってくることはないですよね。そんなことがあったら怖いです。

人間関係もこれと同じで、優しい言葉をかけたら、優しい言葉が返ってきて、人をバカにするような言葉を言うと、それが跳ね返ってくる。これを「やまびこの法則」と言います。

つまり、自分が優しい言葉遣いで話しかけてもらいたいなって思ったら、まずは、自分が優しい言葉遣いをしたらいいということなんですよ。

人を変えようと思って変えるのは難しいけれど、自分が変わって優しくすると、相手もそれに合わせて優しくなるという変化は起こってきます。

もちろん、本当の山びこみたいに、言ったそばからすぐに同じような言葉が返ってくるとは限りません。

ですが、あなたが、「大丈夫？」や「ありがとう」を言い続けているのに、向こうがそれに対して「バカやろう」って言い続けるということは、ないと思いませんか。

もしも、友達との関係など、人間関係をよくしていきたいなって思っている人は、自分の方から変わっていくという意識をもって、優しい言葉遣いをしてみてください。きっとその優しさは相手に届き、あなたに返ってきますよ。

―Point―

黒板に棒人間を描きながら説明をしました。自分が優しい言葉を言ったら優しい言葉が返ってくるということを、矢印を使い描きながら説明を進めていきます。ちなみに、教師が丁寧な言葉遣いをすると、子どもたちも丁寧な言葉遣いになると思っているので、私は教室では、基本的に丁寧な言葉遣いを心がけています。

話し合いはwin-winを目指す

ねらい≫話し合い活動をする際に、相手のことを考えた上で発言できるようになる

とある学級会の話し合いにて。話し合いが少し長引いていたので、間に休憩時間を挟むことにしました。そんなときに、ある男の子がこんなことを言っていたのです。

「ぼくは、絶対にこの後の話し合いで意見を変えないつもり」

さて、みなさんはこの発言を聞いて、どのようなことを考えるでしょうか。

学級会などの話し合いの場で自分の意見をもっているということは、本当に素敵なことです。できることなら、みんな何かしらの考えや意見をもっていてほしいなと思います。

ところが、この「絶対に意見を変えない」というのは曲者です。

もしも、この男の子がAという意見をもっていて、絶対に変えないと言っていて、隣に

座っている女の子がBという意見をもっていて、絶対に変えないと言っているとしたならば……想像するのは簡単ですよね。**話し合いは、算数で学習した「平行の線」のようにいつまで経っても、どこまで行っても交わることがないまま続いていきます**（黒板に平行の線を引きながら語る）。

ましてや、ここは30人いるクラスなので、30通りの考えが出てくる可能性があります。そんなときに、「絶対に意見を変えない」というつもりで話し合いに参加していると、何も決めることができません。

この「絶対に意見を変えない」と言っている人は、話し合いの中で「自分だけが勝とう」としている人です。少し前に「論破」という言葉が流行りましたが、まさにあれですよね。

自分が意見を通して、勝つことができたとしたら、その瞬間は気持ちがいいのかもしれません。ですが、負けた方はどうなるのでしょうか。「あぁ、自分の意見は全く聞き入れてもらえなかったな」というモヤモヤが残るのではないでしょうか。

そして、クラス全体のことを考えるとどうでしょうか。意見を押し通した人は嬉しくなったり、楽しくなったりしたとしても、クラスにいる他の人も嬉しくなったり、楽しくなったりするのでしょうか。

それとは、逆に相手が意見を言ってきたときに、すぐに自分の意見を譲ってしまうのはどう思いますか。それはそれで少し寂しい気がしますよね。だったら、最初から意見を言わなくても変わらないのではと思ってしまいそうです。

では、どうすればいいと思いますか。

話し合いでは、win-winを目指すというのが大切になります。つまり、自分も相手も勝てるような話し合いを目指していくのです。

そうするためには、「絶対に意見を変えないぞ」と思って話し合いに参加するのではなく、「もしも、いい意見が出たら立場を変えよう」や、「いい意見が出てきたら、取り入れてみよう」という心構えで話し合いに参加するのが大切です。

例えば、誰かが発言したときには、「○○さんのその考え方は素敵ですね。僕は～と考えたのですが、どうでしょうか」というように返していきます。
相手の意見を一旦、受け入れる言い方になります。こうやって話し合いを進めていくと、どんどんお互いの考えが交わってきます。

すると、もしかしたら、最初に考えていたＡでもなく、Ｂでもなく、新しいＣというアイデアが生まれてくるかもしれません。そうやって、みんなが納得できるように話し合いを進めていくというのが、「win-win」を目指すということです。

【参考】
・スティーブン・Ｒ・コヴィー『完訳 ７つの習慣 人格主義の回復』キングベアー出版、２０２０年

——Point——

学級会などの話し合いをする前に語っておきたい話となります。黒板に平行の線を引くときは、端から端まで引いて、いつまで経っても交わらないというのを強調したらよいと思います。こうやって視覚に訴えながら話を進めていくことで、より子どもたちの印象に残ります。

アリストテレスに学ぶ～説得の三原則～

ねらい》説得力のある話を身につける

誰かに何かを伝えるときに、なかなか伝わらずに苦労したことはないですか。プレゼンで発表することが迫ってきたみなさんは、そういう苦労をしている人もいるはずです。今日は、そういう人のために、とっておきの原則を伝えましょう。

それが、「アリストテレスの説得の三原則」です。

アリストテレスは、ギリシャの哲学者です。アリストテレスは、「人はロゴス・パトス・エトスがあると説得される」と言っています。

それぞれが何を示しているかを見ていきましょう。

まずは、「ロゴス」です。これは、「論理」のことです。

みなさんは、「論理的に話す」ということを意識していますか。あまり難しく考えなくても大丈夫。論理的に話すというのは、要は「話に筋が通っているか」ということになります。

論理的に話すためには、国語の授業で習った言葉を使ってみましょう。「まず」「次に」「そして」などの順序を表す言葉や、「なぜなら～」という理由を表す言葉を使うと、説明がわかりやすくなります。

次は「パトス」です。これは「情熱」のことです。

いくら論理的に話を進めていたとしても、機械のように淡々と話をしていたら、聞いている方は眠たくなってきますよね。

なので、熱量を込めて話すことが大切です。

熱量と言われても、難しいですね。「熱量を高める」＝「自分の感情を動かしながら話す」ということになります。

「声の大きさ」「話をするテンポ」「間の取り方」を意識しながら話すことも聞き手にと

っては、熱量の高い話し方となることでしょう。

最後は、「エトス」です。「エトス」とは、「信頼」のことを指します。

いくら、情熱的に話をしたとしても、信頼されていない人が喋ったとしたら聞く耳もたずになってしまいます。

話をする中で信頼されるためには、「数字を正しく使う」というのが一つのコツです。

例えば、「今の日本は子どもが減ってきています」と言うよりかは、「厚生労働省の調査によると、1989年に125万人だった出生数が、2019年には、約87万人になっていて、約30％も減っています」と言われた方が、どれだけ減っているかがすぐにわかり信頼されることでしょう。

これらの「ロゴス・パトス・エトス」はまさにプレゼンをするときに大切にしたい三原則となります。

人には、感情に訴えかけられると「すぐに行動したくなる」、数字などを使って論理的

に訴えかけられると「長期的に行動したくなる」という性質があります。

プレゼンは聞き手へのプレゼントであり、最終的には、「行動してもらうこと」がプレゼンをする目的となります。

「ロゴス・パトス・エトス」を意識して、聞き手が思わず行動したくなるプレゼンになるように挑戦してみてください。

Point

学習のゴールをプレゼンにした学習を進める際に、このような話をしました。画用紙に「ロゴス・パトス・エトス」と書いておき、プレゼンをする際には、さっと黒板に掲示して再確認するといった活用をします。このお話に限らず、再確認したい話は画用紙や短冊状に切った紙に書いておくとすぐに使えるのでおすすめです。

幸せに生きる話

ウェルビーイングという言葉が教育界でも流行るようになってきました。簡単に言うと、幸福感が持続している状態のことを指すようです。ウェルビーイングについて調べているときにおもしろいデータを見つけましたので、一つ共有したいと思います。

内閣府の「国民生活白書（平成19年度）」には、国民に「あなたは、『心の豊かさ』と『物の豊かさ』どちらを大切にしますか」というアンケートを取り、その結果をグラフで示したものが載っています。この調査、1972年～2006年まで毎年行われていました。ものがあふれている今の世の中では、「心の豊かさ」を重視しているのは想像できますが、さて、いつ頃から「心の豊かさ」を重視するようになったのでしょうか。

答えは、1978年です。1978年にわずかに「心の豊かさ」を重視する割合が「物の豊かさ」を重視する割合を越して、その後は差がどんどん開いていっています。

「心の豊かさ」を重視することは、今の時代、さらに重要度が高まっているように感じます。なぜなら、令和の日本において、ある程度、生活に必要な「モノ」は揃ってきているからです。

ところで、「心の豊かさ」を追求していくと何かいいことがあるのでしょうか。

人は、「心の豊かさ」を追求しようとするからこそ、「どうやって生きようか」と考えるのではないかなと私は思います。「どうやって生きようか」と考えることは、まさに、道徳の授業の内容項目でいうところの「よりよく生きる喜び」と密接に関わっているのではないでしょうか。

「幸せに生きる」ために「心を豊かにする話」をできたらなと思い、この後、紹介するお話をクラスでしています。

「幸せのものさし」は自分の中にある

ねらい》 人と比べるのではなく、自分の中に幸せを見つけられるようにする

あるところに4人の家族が普通の一軒家に幸せに暮らしていました。その隣を見ると、庭付きの一軒家がありました。

みなさんだったら、どちらの家に住みたいですか（挙手してもらう）。

庭付きを選んだ人が多いですね。庭がついていた方が遊べますもんね。

庭付きの家、いいなぁと思って眺めていたら、その隣にさらに大きな家がありました。ガレージがあり、車も置いてあります。

みなさんなら、先ほどの庭付きの一軒家とガレージ付きの一軒家、どちらに住みたいですか？（挙手してもらう）

そのさらに隣を見ると、お城みたいな大きな家がありました。どうですか。住んでみたいですか。先生も、1回はこんなお城みたいな家に住んでみたいなと思います。

どうでしょうか。このように隣、隣と見ていくと、キリがないですよね。

ところで、実は、最初にこのように言いました。

「あるところに4人の家族が普通の一軒家に『幸せ』に暮らしていました」

そうです。最初の家族は、「幸せ」に暮らしていたんですよ。

では、なぜ幸せに暮らせていたのか。それは、自分たちが「幸せだ」と思っていたからです。隣と比べて、「私たちは、庭がないから幸せじゃない」とかそういうふうには思っていなかった。だから幸せだったんです。

さて、ここで「幸せの国ブータン」の話をしたいと思います。国連が発表している「世界幸福度ランキング」という調査でブータンという国は、2013年には、北欧に次いで8位となり、「世界一幸せな国」として知られることになりました。

実は、ブータンという国は経済的にはそこまで裕福ではないのですが、国民は自分たちが幸せだと感じていたのですね。インタビューでは、「雨風をしのげる家があり、食べるものがあり、家族がいるから幸せだ」と答える人が多かったようです。

この話には続きがあります。２０１９年版の調査では、なんと95位にまで下がってしまったそうです。一体全体、この数年で何があったのでしょうか。何か不幸なことが国全体で起こってしまったのでしょうか。

答えは簡単です。ここ数年で、ブータンには「インターネットからの情報が入ってくるようになった」んです。

インターネットで情報が入ってくると何が起こるのか。**自分たちと他の国を比較するようになったんですよ。**これまで、比較をしていなかったから、「幸せだな」と思えていたのに、隣の国と比較をするようになると、「あれがない」「これがない」となり、幸せを感じることができなくなってしまった。

これは、みなさんにも言えることではないでしょうか。「あの子は、〇〇を持っていてずるい」「あの子は○○を習っていて羨ましい」とよその家と比べることで幸せになれるでしょうか。

クラス単位で考えても同じです。「隣のクラスでは、○○の取り組みをしている」「隣のクラスでは、宿題は○○しかない」よく聞こえてくる言葉です。なんでもかんでも隣と同じようにすることが果たしていいことなのでしょうか。

個人であれ、クラスであれ、「自分の幸せは、自分で見つける」というスタンスをもっている人が本当に幸せになれる人ではないでしょうか。

—Point—

ついつい人は、人と比べて「自分の方が下である」と自分のことを下に落としてしまいます。人と比べないことが幸せの一歩というのは、個人単位でも、クラス単位でも同じだと思うので、なるべく年度当初などの早い時期にこの話をしたいです。

心の器を大きくする方法

ねらい》何事にも粘り強く挑戦し続ける意欲を引き出す

何事にも粘り強く挑戦し続ける力。
難しい課題に対して考え続ける力。
自分で興味が湧いたことを探究し続ける力。

これらの力はどのようにして磨けばよいでしょうか。

これらの力を得るためには、「心の器」を大きくしていく必要があります。

そのヒントとなるのが、「マラソン」です。マラソンは長距離を走るから、なかなか大変な競技ですよね。

マラソンで力を発揮するための持久力はどうやったら身につくでしょうか。

あなたの体力をこのハートだと思ってください（黒板に小さなハートを書く）。練習をするときに、この体力を使い切り、ハート全てをすり減らすくらい使ったとします。「あぁ、もうダメだ」と思いながらも、その上で、さらに少しだけ負荷をかけて練習をしたとしましょう（黒板のハートを塗りながら説明。少し、器からはみ出して塗る）。

きっと、ヘトヘトに疲れると思います。**ですが、自分の限界を少し超えた分だけ、このハートの器そのものが大きくなるのです**（少し大きくして書く）。

さて、次の練習日がやってきました。あなたは、また同じようにマラソンの練習をします。ハートの器は、前回はみ出すくらい練習をしたので、その分少し大きくなっています。また、練習をしているときに、「あぁ、もうダメだ」と限界がやってきます。そこで、少しだけ負荷をかけて練習をするのです。結果は……もうわかりますよね（ハートの器を少し大きくして黒板に書く）。

こういうことの繰り返しで、ハートの器は大きくなっていくのです。

ただし、ここで気をつけなくてはいけないのが、「少しだけ」という部分です。自分が無理だと思っているところから、「少し」頑張る。その連続で力はついてくるのですが、大幅に無理をするのはよくありません。大幅に無理をするような練習は続けることが難しいからです。また、自分の限界を大幅に超えることをすると怪我にもつながってしまうからです。

さて、ここであえて反対のことを考えてみましょう。 最初に戻ります。ハートの器が元の大きさになりました。マラソンの練習をしているときにまだ余裕があったとしましょう。でも、「今日はこんなもんでいいか」と言って、まだ余裕があるのに練習を止めてしまう。人間、誰しも気乗りしない日があるので、そんな日がたまにはあってもいいかもしれません。でもね。こういうことが続いていったらどうなるでしょうか。

みなさんが想像してくれた通りですが、このハートの器はだんだん小さくなっていきます（黒板にハートを小さく書く）。

そして、もしもこの状態がさらに続いていったとしたら……（黒板に見えないくらい小さくハートを書く）。

今、例として、マラソンの話をしてみました。ですが、これは勉強でも当てはまることでしょう。

もうちょっと丁寧に書けそうだけど、「まぁ、こんなもんでいっか」と書かれた字。もうちょっと調べられそうだけど、「だいたいこんなもんで」と終了した自主学習。

こういうことが続くと学ぶときの「心の器」が小さくなります。逆に、「これだけ考えたけど、まだ考えられる」と諦めずに考え続けたら、学ぶときの「心の器」が大きくなります。

「ちょっとさぼってみようかな」と思ったときには、ぜひ自分の中の「心の器」がどうなるかをイメージしてみてください。

Point

ハートの器を黒板に書きながら、話を進めていきます。徐々に大きくしていき、最後には、黒板いっぱいの大きさで書いてみましょう。それくらい力がつくということをイメージできます。なお、私はこの話を低学年担任のときにもしたのですが、子どもたちの反応から十分伝わっていたように思いました。

努力は2倍大切～やりぬく力～

ねらい≫「努力は大切である」という言葉についてあらためて考え直す

何かを成し遂げるとき。みなさんは「努力」と「才能」どちらが大切だと思いますか。「努力」が大切だと思う人。「才能」が大切だと思う人（挙手を促す）。半々くらいに意見が分かれましたね。

イチロー、ヘレン・ケラー、手塚治虫……これらの偉人に共通するところは何でしょうか。もちろん「天才である」というところも共通点としてあげられるでしょう。ですが、彼ら彼女らは才能があるだけで成功したわけではありません。

イチローは「天才」ではなく「努力の天才」と呼ばれていました。「努力することの天才」なんですね。高校生の頃には1日10分の素振りを3年間、1日も欠かさずに続けていたといいます。

そして、ヘレン・ケラー。ヘレン・ケラーは、「目が見えない」「耳が聞こえない」「喋ることができない」という三重苦を負っていましたが、彼女は諦めずに学び続けることで、大学に進学し、人々に勇気を与えました。

「漫画の神様」と呼ばれた手塚治虫は知っていますよね。『ブラック・ジャック』や『鉄腕アトム』を描いた漫画家です。手塚治虫が描いた原稿は生涯で15万ページにのぼるとも言われています。多いときには、連載漫画を同時に11本連載し、アニメまで手がけていたこともあったそうです。そんな手塚治虫が大切にしてきた言葉は「才能に甘んじることなく、努力に徹すること」だそうです。


ここまで、話を聞いてどうでしょうか。

「努力が大切……そんなこと知っているよ」と思ったかもしれませんね。

さて、今日は「才能」か「努力」、どちらが大切かという話に決着をつけるときがやってきました。

アメリカの心理学の教授アンジェラ・ダックワースさんの研究「GRIT（やり抜く力）」の中でその答えが述べられています。「達成の心理学」では、「才能」「努力」「スキル」「達成」を以下のように説明されています（黒板に次のように書きます）。

「才能」×「努力」＝「スキル」
↓
「スキル」×努力＝達成

わかりやすくするために、少し解説を加えます。野球を例にすると、才能がセンスのようなものだとして、素振りを続けることで、バッティングというスキルを得られます。そして、そのバッティングというスキルをもとに努力を積み重ねていくと、バッターとしての能力が高まり、目標を達成することができます。

さて、この式に値を入力してみましょう。

才能が2で努力が1の人は、2×1＝2　2×1＝2

才能が1で努力が2の人は、1×2＝2　2×2＝4

このようになります。もちろん、才能が1とか努力が2とか単純に数値化できるものではありません。ですが、いくら才能があったとしても、努力をしていない人は、努力をたくさんしている人には勝てないのです。

ということで、「努力は2倍大切」というわけでした。

【参考】

・宮崎克（漫画：吉本浩二）『ブラック・ジャック創作秘話』vol.1～5、秋田書店、２０１１～２０１４年
・アンジェラ・ダックワース（著）、神崎朗子（訳）『やり抜く力 ＧＲＩＴ』ダイヤモンド社、２０１６年

Point

この話は、黒板に式を書きながら説明することで説得力が増します。私は、この式を短冊に書いてしばらく掲示をしていたこともあります。学級通信にして発行すると、保護者にも伝わるのでおすすめです。ぜひ、『やり抜く力 ＧＲＩＴ―人生のあらゆる成功を決める「究極の能力」を身につける』（アンジェラ・ダックワース著・神崎朗子訳、ダイヤモンド社）をみなさんにも読んでほしいと思います。

成功の反対は失敗ではない

ねらい≫ 挑戦し続ける人生を目指して

成功。この言葉の反対は何でしょうか。
失敗。そのように思った人はたくさんいますね（黒板に成功⇕失敗と書く）。
辞書には、成功の対義語は失敗と載っています。

でも、今日伝えたいのは、辞書の意味ではありません。人の生き方の話です。

みなさんも知っている、発明王トーマス・エジソン。白熱電球を発明したことで有名ですが、その実験を成功させるのに、何回くらい実験をしたでしょうか。
答えはなんと2万回だそうです。2万回と聞くと、気が遠くなりそうな回数ですね。ところで、この実験を成功させたときにエジソンはインタビューを受けて、こんなことを答えたそうです。

「私は失敗したことがない。ただ、1万通りのうまくいかない方法を見つけただけだ」

電球に灯りが付くまでの実験は、普通に考えると「失敗」と捉えそうですね。ですが、エジソンは、「うまくいかない方法を証明した」と考えているわけです。つまり、一つ一つの実験は成功するために必要な道のりであり、「失敗」ではなかったと。

こういう考えから「成功の反対は失敗ではなく、挑戦しないことである」という有名な言葉が生まれたということです（黒板に書く）。

確かにこの実験、１０００回くらいやったところで、「もうダメだ」と諦めてしまっていたら、電球は開発されていなかったわけですよね。

これは、みなさんの日常生活にも当てはまりそうです。例えば、逆上がりの練習をやっていたとしましょう。１００回やってみて、ダメだと諦めてしまう……そんなことがあるかもしれません。でも、もしかしたら１０１回目にはできていたかもしれないのです。

逆上がりだけではありません。リコーダーの練習もそうですし、九九だってそうですし、全てのことに当てはまります。

ここで、一つみなさんに「挑戦し続ける」ときのコツを伝えておきましょう。

エジソンは先ほどの白熱電球の実験で、フィラメントに使う素材として、6000種類を用意したそうです。その中で、竹がフィラメントの素材として有効ということが実験結果からわかり、今度は1200種類の竹を使って、どの竹でフィラメントを作るとより灯りを灯す時間が長くなるかという実験を行ったそうです。

エジソンは、実験のときに素材を変えながら実験を行いました。いくら粘り強く実験を続けていたとしても、「灯りがつかない」とわかった素材で、ずっと実験を繰り返していても灯りはつかないままなのです。

そこで、みなさんにおすすめしたいのは何かを練習をするときに「少しずつ変える」という方法です。

「逆上がり」の練習を例にすると、鉄棒の握り方、足の振り上げ方、視線、勢い、自分の体調、練習する時間帯、一人でするか友達と一緒にするか……など変えられるところはたくさんあります。

これらのうち、何かがうまくいくと、きっとこれまでできていなかった逆上がりができるようになります。闇雲にやるのではなく、こうやって少しずつ変えた上で、粘り強く挑戦していくと、いつかはできるようになるのです。

成功の反対は失敗ではなく、挑戦しないことである。つまり、挑戦をし続けている限り成功へと一歩ずつ近づいているわけですね。そう考えると、挑戦し続けているときにはワクワクしてきませんか。

【参考】

・こどもあかり教室「エジソンと白熱電球」(http://www.akarinohi.jp/knowledge/edison.html)

―Point―

エジソンの話を紹介しました。余裕があれば、エジソンの画像や白熱電球の画像をモニターに映しながらお話をした方がイメージが湧きやすいかもしれません。併せて、伝記を紹介してあげると、興味をもって読んでくれます。

理性は6秒後にやってくる

ねらい》 感情的にならず、理性的に行動できるようにする

友達と遊んでいるときに何かを言われカッとなってしまい、つい感情的に言い返してしまった。親に「あれしなさい」「これしなさい」と言われ、「わかっているよ！」ときつく言い返してしまった。

みなさんにもそういう経験はあるはずです。もちろん、先生にだってそういう経験はあります。

そんな経験をしてしまったみなさんだったら思い当たることがあると思いますが、カッとなって言い返してしまうと、後から「言いすぎてしまったなぁ」と後悔することがありますよね。

今日は、そうならないための技を伝えます。

それは……6秒待つという方法です。

何か、イラっとするようなことがあったら、深呼吸をして心の中で1、2、3……6と数えるのです。そうすると、イラっとする感情が抑えられて、理性で考えられるようになるというわけです。

この6秒待つという方法はアンガーマネジメントと呼ばれる方法です。

さて、先生がこの方法を知ったときに「これだ！」と思ったのですが、なかなか6秒も待つのは大変だなとも思いました。なぜなら、先生はせっかちだからです（笑）

そこで、もっとイメージを膨らませることにしました。

みなさんは『インサイド・ヘッド』という映画を観たことがあるでしょうか。この映画では、主人公ライリーの頭の中（心の中）が描かれています。頭の中には、怒り、びびり、喜び、悲しみ……などの感情がたくさんいます。何か出来事が起こった際には、この感情のキャラクターたちが、スイッチを入れて、ライリーはその感情通りの行動をするというお話なんですね。

この感情たちを「感情君」と名付けてみましょう。そして、感情ではなく、理論や理由を考えている存在を頭の中に描いてみます。**これを「理性君」……理性という言葉が難しいと思う人は、「考える君」と名付けましょう。**

さて、あなたの頭の中には、「感情君」と「考える君」がいます（黒板に頭の絵と「感情君」「考える君」の棒人間を描きます）。

何か、カッとなるような出来事があったときには、この「感情君」が前に出てきて、反応してしまっている状態です。そこで、後ろの方にいる「考える君」を呼びにいくことをイメージしてみてください。

「考える君なら、どうしますか」と頭の中で聞いてみましょう。「考える君」は、何かいいアイデアをくれるときもありますし、何もいいアイデアが出てこないときもあるかもしれません。

何もいいアイデアが出てこなくても大丈夫です。ちょっと落ち着いて、「考える君」が考えているのを待ってみてください。

すると、あら不思議。こんなことをイメージしたり、待ったりしている間に6秒ほど経っているんですね。

「6秒待とう」と思って、待つ6秒間は長く感じるけれど、こんなことを想像している6秒間は意外と早く経つものなんです。

次に「あぁ、腹がたつな」と思うようなことがあった際には、一度試してみてください。スッと怒りの気持ち……「感情君」がどこかに行ってしまうかもしれませんよ。

Point

黒板に、「感情君」「理性君（考える君）」を描きながら説明すると、イメージしやすくなります。イラストを描くのが苦手な人は、棒人間を描いておけば大丈夫です。むしろ、シンプルなイラストの方が、後々頭の中でもイメージしやすいということがあるので、その辺りのことは気にしなくて大丈夫です。

生き方に芯をもつ話

「あなたは、生き方に芯をもっていますか」と問われたら、「はい」と答えられるでしょうか。

生き方に芯がある。つまりは、信念がある人というのは、世の中で大成しているように思います。

私自身の生き方の芯は「どんなときも挑戦し続ける」です。

簡単な道と困難な道があったら、困難な道の方を選びたいと思っています。その方が、成長できそうですし、ワクワクするからです。

また、この「生き方に芯をもつ」というのは、「よりよく生きる」と似ていると感じます。「よりよく生きる」というのは、「特別の教科　道徳科」の目標でもあります。

道徳科の内容項目には、A「主として自分自身に関すること」B「主として人との関わりに関すること」C「主として集団や社会との関わりに関すること」D「主として生命や自然、崇高なものとの関わりに関すること」があります。

私自身の「生き方の芯」はAに関するところになりますが、BやC、Dが生き方の芯になっていたとしても素敵なことですよね。本書で紹介している話も、A、B、C、Dのいずれかに分類される話ばかりです。

子どもたちに語るときには、今話しているのはA～Dのどの内容に当てはまるだろうかと考えてみるのも面白いかもしれません。

また、私は学期の途中で「これまでお話した中で、どのお話が好きかな」と定期的に振り返ることにしています。お話は一度しただけでは、身につくのが難しいです。何度も振り返りながら「生き方の芯」になってくれればと願いながら語り続けていきます。

斧は忘れるが木は忘れない

ねらい≫人を傷つける言葉遣いをしないようにする

みなさんは、記憶力がよい方ですか。それとも忘れっぽい方でしょうか。先生は、昨日食べたご飯を忘れるときすらありますが……それはさておき、面白いことわざを見つけてきました。

「斧は忘れるが木は忘れない」

この言葉の意味がわかりますか。このことわざはジンバブエという国のことわざです。意味は、木を切った方の斧は、たくさん木を切っているからどんな木を切ったか忘れてしまうけど、切られた側はその痛みを覚えているということです。

そこから転じて、**悪口を言った側の方は忘れてしまうけれど、言われた側は覚えている**

という意味になります。

きっと、悪口を言った側は、何気ない感じで、軽い気持ちで言ってしまったのでしょう。でもね。**それを受け取る側は、場合によっては深刻に受け取ることがあるということです。**

例えば、テレビのニュースでこんなシーンを見かけることがあります。
「私は小学生の頃、○○さんにいじめられていました」
小学生当時には、そのいじめが、どのくらい問題になったのかわかりません。ですが、こうやって大人になってからも問題として明るみに出てくるということがあるのです。
それだけ、悪口を言われ、いじめられた側は、ずっと心に傷を負っていたのでしょう。一度ついた心の傷は、簡単に治るものではありません。

しかも、こうやってニュースになると、悪口を言って、いじめていた側の仕事がなくなることもあります。製品を売っている会社からしてみれば、過去のことであれ「悪口を言っていじめていた人」に製品の宣伝をしてもらうのはリスクがあるからです。大人になって、仕事がなくなるというのは大変なことです。仕事がなくなって、その本人が困るのはもちろんのこと、その製品を宣伝してもらおうとしていた会社や事務所にまで迷惑をかけてしまうことになるからです。

このように人を傷つけるような悪口は、いじめられる側にとっては、ずっと忘れられない言葉となり、心に傷を負わせることになりますし、言ってしまった側も将来の自分の人生を台無しにしてしまう可能性があるのです。

実は、先生自身も「言葉」について、失敗をしてしまったことがあります。学生ボランティアとして、小学校に教えに来ていたときのことです。夏のプールの授業のときに補助役として入ることになりました。目の前に男の子がいました。「何か話しかけなくては」とその子を見ていたら、お腹の辺りに日焼けの跡があるのを見つけたのです。

「どうしたの？　日焼けの跡？」と、何気なく尋ねると、

「これは生まれつきなんです……」という答えが返ってきました。

もちろん、先生に悪気はありません。ですが、その子にとっては、触れてほしくない話をしてしまったのだなと表情からわかりました。何気なく言ったことが、その人のことを傷つけてしまうのだと実感した瞬間でした。

みなさんは、まだまだ子どもなので、ついきつい言葉を言ってしまったり、そんな気がなく失敗してしまったりということはあるかもしれません。

ですが、「言われた側はどんな気持ちになるだろう」と想像力を働かせると、少しそういう言葉を減らせるかもしれません。

——Point——

「言葉遣いに気をつけよう」と思ってもらえるようなお話です。真剣なトーンで、しっとりと語るとよいと思います。しっとりと語るときのコツは声量とスピードです。いつもよりもやや声量を落とし、ゆったりと語ると、しっとりとした語りになります。子どもたちはシーンとして話を聞くことになるでしょう。

あなたの人生の主役は誰

ねらい≫人生の主役は自分であると認識し、自分なりの活躍をしようという意識を育てる

このお話の主人公は誰でしょうか（絵を示す）。

答えは簡単……そう、のび太君ですよね。なぜなら、ドラえもんのお話は、いつものび太君の視点でストーリーが進んでいくからです。

では、ここで質問を変えましょう。

しずかちゃんの人生の主役は誰でしょうか。

そうです。答えはしずかちゃんになります。しずかちゃんには、しずかちゃんの人生があり、しずかちゃんが主役となります。その様子は漫画ではあまり描かれていません。

では、それぞれの人生の主役は誰でしょうか（他のキャラクターの絵を指す）。

もうわかりましたね。それぞれの人生の主役はそれぞれの人なんです。

みなさんは、ドラマを観ることはあるでしょうか。ドラマの主人公は、華々しい芸能人が演じていますよね。でも、その裏では、エキストラと呼ばれる人たちが出演しているのを知っているでしょうか。

エキストラとは、簡単に言うと通行人などの役の人のことです。ドラマで言うと、一瞬しか出番がなく、臨時で雇われた人ということになります。

もちろんこのエキストラの人の人生の主役は……エキストラの人になります。

エキストラの人だって、朝起きてから夜寝るまでの間、その人なりの一日を過ごしていますし、家族だっています。

ドラえもんの話、ドラマの話をしたところで、気がついたと思います。

それぞれの人生というドラマの中で、人生の主役は「自分」なんですよ。

自分の人生なのに、自分が脇役ですということはありえないことです。

では、このクラスの主人公は誰でしょうか。
今、前に立って喋っている先生でしょうか。
それとも、この間、決まった学級委員の人でしょうか。

もうわかりましたね。**このクラスの主人公は、先生でもなく、学級委員の人でもなく、「あなた」なんです。このクラスに主役ではない人はいません。**

「あなた」の人生を輝かせるのは誰でしょうか。
あなたの人生は、あなた自身がスポットライトを当てて輝かせていくしかないのです。

学校を舞台にして考えるとすると……。
学級委員になった人は、クラスを引っ張っていくという輝き方があります。
クラブや委員会で長になった人は、そこで頑張るという輝き方があります。
でも、学校での輝き方はそれだけではありません。
あなたが誰かを支えるという輝き方もあります。

あなたが誰かと協力するという輝き方もあります。

輝き方は人それぞれです。自分で「ここで頑張るぞ」「ここで輝くぞ」というところを見つけてくれたらそれで充分です。

学校ではなく、社会に出たときにも同様のことが言えるでしょう。**表舞台に立って、目立つことだけが大切なことではないのです。自分の人生の中でも「ここで頑張るぞ」「ここで輝くぞ」というところを自分で見つけてみてください。**

Point

子どもの目からは、つい目立っている人が「カッコいい」と見えることがあります。ですが、社会は（あるいは学校も）目立つ人の仕事だけで回っているわけではありません。何かの役割を決めるとき、きっと思い通りの役に決まらない子もいることでしょう。そんな子を励ませたらいいなと思い、この話をしてみました。

責めるより解決策を講じる

ねらい≫ミスに対して寛容な心をもち、優しい言葉かけをできるようにする

「おい！　なんで、パスを出さなかった？」

「もっと、そっちに攻め込んでおけばよかったのに！」

体育のサッカーの学習をしているときによく聞こえてくる言葉です。こういう言葉を言ってしまう気持ちはすごくわかります。「勝ちたい」という気持ちがたくさんあるから、こういう言葉が出てきてしまうのでしょう。

でもね。体育の学習は、習い事でやっているサッカーとは別物だと考えた方がよいと思います。

習い事では、チームが勝つことや、個人の技術が上達すること、もしかしたらプロ選手

になることを目的として頑張っていることがあるのではないでしょうか。

そんな中、コーチから先ほどの「なんで、パスを出さなかった？」という言葉が出てきたとしても、そこにいる人たちは納得するのではないでしょうか。

ところが、体育の学習は目的が違います。別に体育の学習を通して、プロになろうと思っている人はいません。体育の学習では、「競技に対して上手くなる」ということと同時に「クラスの仲間と協力する」ということや「競技そのものを楽しむ」ということが大切です。

その競技を習っている人と、習っていない人との技術の差もたくさんあります。そういった中で、その競技を習っている人、もしくは得意な人が苦手な人に向かって、厳しい言葉を投げかけても何も解決しないのです。

その競技が苦手な人は、頭ではそう動きたいと思っていても体がついていかないことがあるからです。あるいは、そうやって動けばいいということがわかっていないかもしれません。

では、どうしたらよいのでしょうか。

トヨタでは「人を責めるな、仕組みを責めろ」という言葉を合言葉にしています。ミスをした人そのものを責めるのではなく、そのミスが発生してしまった仕組みそのものを見直して解決策を考えるということですね。

これを先ほどの体育のサッカーの学習に当てはめて考えてみたらどうなるでしょうか。例えば、パスを出せない人がいたとして、その人に「おい！　パスを出せよ！」と言っても仕方がないですよね。なぜなら、その人はパスを出す技術がなかったわけですから。そういうときはチームで、「○○のときは、パスを出せばよかったんだよ」と解決策を考えてください。もしくは、得意な人が「困ったときは、フォローしに行くからね」と伝えてもいいかもしれませんね。

こうやって、「解決策」をみんなで考えようという意識でプレーしていたら、苦手な人

も力を発揮しやすくなり、結果としてチームの力が高まってきます。

例として、体育のサッカーの話をしましたが、これはいつでも使える方法です。休み時間遊んでいてもめてしまったとき。そのルールを破ってしまった人を責めるのではなく、ルールを見直して、みんなが楽しめるようにするにはどうしたらよいかと考えると、いい方法が見つかるかもしれません。

そうやって少しずつ「改善」していけたらいいですね。

―Point―

誰かが失敗したら、ついついその人を責めてしまいたくなるものです。この話は、体育のゴール型ゲームなどの学習の前に伝えておいたら、体育を苦手な人も含めて、みんなで楽しめるようになります。また、「解決策」を見つけるというスタンスが身につくと、学級会をする際にも役に立ってきます。

念ずれば花開く

ねらい≫どんなときにも諦めず、粘り強く願い続ける力をつける

あるとき、テレビを見ていたら、初代仮面ライダーを演じた藤岡弘、さんが出てきていました。ちなみに、先生は幼い頃に仮面ライダーの最終回を観て号泣したほどにファンだったんです。

そんな藤岡弘、さんが「大切にしている言葉」として紹介していたのが

「念ずれば花開く」

という言葉でした。カッコいい言葉です。すぐにメモしました。

さて、この「念ずれば花開く」とは、どういう意味なのでしょうか。

調べてみるとこの言葉は、坂村真民という人の詩の中に出てくる言葉でした。

坂村真民さんの母親がよく口にしていた言葉らしいのです。

「念ずれば花開く」

この言葉をわかりやすく言い換えるとどうなるでしょうか。

まず「念ずる」という言葉。この言葉に関しては、坂村さんの詩集のあとがきにこんなことが書かれていました。

「念というのは、今という字と、心という字とからできている。つまり、いつも、そう思うということである」

次に「花開く」という言葉。

こちらは辞書に「長年の努力などがみのる」と書かれていました。

つなげてみると、**「いつもそう思い続けていると、長年の努力がみのる」**ということになります。

「いつもそう思い続ける」というのは、簡単なことではないかもしれません。

例えば、サッカー選手になりたいという夢があったとして、「習い事のサッカーがある、その日にサッカーを頑張るぞ」ということではなく、もう四六時中、サッカーのことを考え続けるということになるのでしょう。


実際、プロと呼ばれる人は、その競技のことをずっと考えているそうです。

プロゴルファーは、いいスコアを出すために、頭の中でコースやスイングのイメージトレーニングをずっと続けています。

プロ野球選手のピッチャーはいいピッチングについて考え続け、腕に負担がかからないようにするために、利き腕の方では、重たい荷物を持たないそうです。

先生の好きな囲碁のプロ棋士は、歩きながらもずっと囲碁のことを考え続けていて、電信柱にぶつかりそうになったそうです。

それくらい、みんな思い続けているのですね。

ここまで、ずっと思い続けると、それは「念ずる」ということになり、自分の真の力になってくるのでしょう。

もしかしたら、考え続けると、頭で考えるよりも先に体が動くようになるのかもしれませんね。

一度きりの人生。

自分が「これを頑張るぞ」と決めたことに対しては、ずっと、思い続けて、思い続けて、さらに思い続ける……これくらいの熱量で取り組んでみてはどうでしょうか。

何かに一生懸命になれる人生は、素敵な人生だと思います。

【参考】
・坂村真民『詩集　念ずれば花ひらく』サンマーク出版、１９９８年

―Point―

「令和の子」と大きく一つのまとまりにするとよくないでしょうが、コロナ禍以降、どこかに「情熱」というものが置き去りになっている感は否めません。ときには、熱く語り、暑苦しく思われるくらいでもいいのかもしれません。子どもたちの目を真っ直ぐと見つめながら語ってみたいものです。

味の濃いジュースのような人生

ねらい》どんな人生を過ごしたいか、じっくりと考える

みなさんは、どんな人生を送りたいですか。今日は人生の話をします。

先生が、みんなと同じ小学生だった頃に何となく人生に対して思っていたことは、「長生きしたいなぁ」ということでした。

人生は長生きできれば、長生きできるほどいいなぁと思っていたわけです。

そんな先生ですが、あるときに少し考え方が変わりました。

大学生の頃、おばあちゃんが、認知症になってしまったんですね。

あんなに大好きだった家族のこと、孫のことが思い出せなくなってしまっていました。

最期の方はずっと、老人ホームに入っていました。当時大学生だった先生は、ホームに何度も足を運びましたが、思い出してくれることはありませんでした。

この経験から、「ただ長生きすること」よりも、「健康で長生きすること」が大切だって思うようになりました。

そうして、月日が流れ……大人になり、教師になり、数年が経ちました。

先生が31歳になったときのことでした。
母から「あと2年だって」という言葉を聞かされました。
それは、母に残された時間でした。
その言葉を聞いたとき、涙があふれました。
「本当にそんなことがあるの？」「嘘でしょう？」

それからというもの、平日にご飯を一緒に食べたり、休みの日にお出かけしたりと、たくさん母と一緒に過ごしました。動物園や水族館に行きました。長い休みのときには、旅行にも行きました。あと2年ということを強く意識するときもあれば、全く意識しないときもありました。先生は、ただ、一緒にいたいという気持ちや、孫にたくさん会わせてあげたいという気持ちでいっぱいでした。

そんな母のもとには、連日たくさんの友達が訪れてくれました。中学校時代からの友達は神戸の方から京都へと頻繁にやってきては昔話をして母を元気づけてくれました。

母が若かったときのママ友もたくさん来てくれました。その中の一人は母が病院に行くときによく車に乗せてくれました。

母が働いていた頃の友達も四国から時間をかけて駆けつけてくれました。

「森岡さんが1日でも長く元気でいられますように」

千羽鶴をプレゼントされました。一人でこの千羽鶴を作ると、どれほどの時間がかかったことでしょう。

最後まで明るく振る舞っていた母でしたが、ついにその時がやってきました。

会話ができなくなり、命の灯は消えてしまいました。60歳でした。

さて、この母の人生は平均寿命から見たら短いものです。でも、充実していなかったかと言われたら、側から見ていて全くそんなことは思わなかったです。

例えば、ここに果汁1％のジュースがあったとします。少し味の薄いジュースです。このジュースを100杯飲んで、合計で100％分の量の果汁を飲むような生き方よりも、果汁100％のジュースをたったの一杯だけ味わって飲むような人生。そんな人生もあってもいいと思うのです。

それ以降は、**「どうやったら、一日一日を濃く過ごせるのか。それを考えながら過ごすことが充実した人生になるのではないか」と思いながら生きることにしています。**

Point

人生観についての話をしました。こういった話をする際には2つの条件があります。「子どもの親など親族がここ数年内に亡くなっていないということ」「子どもたちと教師の信頼関係が結ばれているということ」これらの条件が満たされている際には、しっとりとしたテンポで語り、人生観について広げる時間にしたいものです。

笑顔になれる話

さて、ここまで真面目な話をずっと続けてきました。最後は肩の力を抜いて、笑顔になれる話をしたいと思います。

子どもたちは教師の雑談が大好きです。自身の趣味の話、家族の話、観た映画の話、読んだ本の話……例を挙げたらキリがありませんが、それらの話は、子どもたちも興味津々です。

私は、毎年教室で行う鉄板の雑談を「よもやま話」としてメモしています。メモといっても、起こった出来事（事件）のタイトルだけをメモしているのですが、雑談をするだけならそれで十分でしょう。

今年は、どの話をしたのかということがわからなくならないように、チェックを入れながら雑談をしています。

1章の「なぜ語るのか？」のところでも述べたのですが、大切なことなので、もう一度述べます。**雑談をすることには意味があるんですよ。教師が、雑談をする中で、「この先生の話は面白いな」って思ってもらえたらしめたもんです。なぜなら、この先生が口を開いたら話を聞かなきゃなってなるからです。**

こうなってくると、普通に活動の説明をしたり、指示をしたりするときにも聞く姿勢が少し変わってきます。聞こうという意識が育っているからです。

あと、私が意識しているのは、雑談をする中で「笑かせてやろう」と意識していることです。これは関西人の血が騒ぐから……というだけではなく、トークの技術を磨くためでもあると思っています。身振り手振りをつけながら、面白おかしく話をする。それも一つの教師修業だと思いながら、雑談をしています。

笑顔になれる話

あったかいんだからぁ事件～そうはならんやろ～

ねらい≫先生の話は面白いからもっと聞きたいな、となるようにする

1月1日。元日。先生の家に待望の赤ちゃんが産まれました。本当に小さくて、可愛い赤ちゃんです。

入院も終わり、家に帰ってきて2週間くらい経ったある日のこと。先生の妹から「見に行ってもいい？」と連絡がきました。

さて、夕方頃に妹が家にやってきたのですが、その日は雪がチラついていて、ものすごく寒かった。

家にやってきた妹は、赤ちゃんを抱っこするために手を洗ったのですが、手が冷え切っていたんですよね。

「冷たい手で抱っこすると赤ちゃんがびっくりしてしまうかもしれないから、しっかりとそこで手を温めてから、抱っこしてね」（タワーファンを指すジェスチャーをしながら）

先生の家にはタワーファンというものがありました。ボタン一つで冷たい風と暖かい風を切り替えることができるおしゃれなやつです。

「はーい」と返事をして、そちらに向かう妹（歩きながら語る）。

「ふぅーーーあったかいなぁ」（手をかざして温めるジェスチャーをする）

そう言っているんだけど、何だか違和感がある。

よくよく見ると、タワーファンの前にいないじゃないですか！

実はタワーファンの横に空気清浄機を置いていたんですよ。空気清浄機とは、空気をきれいにしてくれる機械のことです。この空気清浄機からも、風が出ているので、きっと勘違いしたのでしょう。

そう思って、妹に一歩近づいてみると……（歩きながら語る）

空気清浄機の前にもいない⁉

では、妹は何に向かって手をかざしているのか。

みなさん、想像がつきますか。答えは……これです（少し間をつくってから）。

答えは「オムツのゴミ箱」でした（画像を見せる）。

最近のゴミ箱ってめちゃくちゃおしゃれな感じなんですよ。いかにも「ゴミ箱」って感じではなく、蓋が閉まっていたら、何かはわかりにくい感じがある。

でも、別にオムツが入っているゴミ箱からは、風は出ていないし、ちょっと見るとわかると思うんだけどなぁ。

思わず、**「そうはならんやろ！」**とツッコミを入れてしまいました。

後々、聞いてみるとその当時の家は新築で、おしゃれな家電とかを置きまくっていたから、何が何やらわからなかったとのこと。オシャレすぎてパッと見で何かがわからないのも考えものだなぁって思いました。

余談ですが、その後は、ちゃんとタワーファンで手を温めてから無事に先生の息子を抱っこして、大満足の妹でしたとさ。めでたし。めでたし。

Point

こういう笑い話をするときのポイントは、とにかく大袈裟に語るということです。なので、身振り手振りを入れて、実際に妹が手を温めているジェスチャーをしながら語りました。聞き手が、そんな場面だったのねとイメージできるように語れるといいですね。みなさんも、ぜひ、笑顔になれる話をしてあげてください。

真夜中の事件～犯人は誰だ～

ねらい》楽しくて思わず、誰かに話したくなるような気持ちにする

これは、先生が大学生の頃のお話です。

とある夏の暑い日のことでした。高校時代からの友達とカラオケをオールでやろうということになったんですね。小学生のみなさんは信じられないかもしれないけれど、カラオケオールっていうと一晩中歌い続けるってことなんですよ。

ただ、その日は、歌い疲れてしまって夜中の3時くらいに解散することになりました。良い子のみなさんは真似しないでくださいね。

さてさて、夜中の3時に解散してトボトボ歩きながら、帰宅しました。

遅くなってしまったなぁと玄関のドアをカチャリと開けて、電気を付けました。

３章
何を語るのか？

「うぁぁぁぁぁ！」

思わず声が出てしまいました。玄関に、女の人の黒い髪の毛がバサっと落ちていたんですよ。

なんじゃこりゃ！と思いましたね。だって、当時、その家には先生とおばあちゃんの二人しか住んでいなかったんですよ。

よくよくその髪の毛を見てみると、エクステと呼ばれるものでした。エクステとは、女性がおしゃれでつけるつけ髪のことです。

おばあちゃん、何でエクステなんか玄関に置いているのと思いながらも、心を落ち着かせるために、洗面所に向かいました。手を洗って心を落ち着かせようと思ったんですね。

そこで、洗面所の電気をパッと付けました。

「うぁぁぁぁぁ！」

また、声が出てしまいました。

洗面所のところに、ゲジゲジ虫がこちらを向いて2匹もいるじゃありませんか。

何でこんなところにゲジゲジ虫がいるのって冷や汗をかきながら、よーく見てみると……それは、つけまつ毛でした。

おばあちゃん。つけ髪に続いて、つけまつ毛までし始めたの？と疑問に思いながらも、リビングに行って、水でも飲んで心を落ち着かせようと思いました。

リビングのドアを開けて、一歩踏み出したところで……。

ツルッとすべって大ゴケしてしまいました。

痛てててて……何だこれは、と思って落ちているものを拾い上げたら……落ちていたのは、何だと思いますか。何と、バナナの皮だったんですよ。

これは、流石にひどいなぁと思って、おばあちゃんの寝ている寝室へ行こうと思ったんですね。そして、ドアをガラガラと開けたら、そこには何と！

先生の妹がいました。どうやら泊まりにきていたようでした。お腹をボリボリ掻きながら、「もう食べられない……」と寝言を言っている妹。

勘のいいみなさんなら、もうわかりましたね。そうです。エクステもつけまつ毛も、バナナの皮も全てこの妹が犯人でした。

真夜中の3時ってことで、どれも全部怖かったなぁ。それにしても、バナナの皮をそのまま廊下に捨てておくなんて、「マリオカートのバナナかよ」ってツッコみたくなったなぁ。

めでたし。めでたし……いやめでたくはないか（笑）

Point

「うぁぁぁ」と叫んだところは、実際よりも2割増くらいの声で伝えました（笑）
夜中の3時の話ということで、最初はトーンを落として怖い話かなと見せかけて、実は面白い話というギャップ大作戦です。この話に限らずですが、話の中でトーンのギャップをつくると、意外性を楽しめると思います。

あとがき

本書をここまで読み進めてくださった皆様、本当にありがとうございます。
文字を追いながら、教室で私が語っている姿が思い浮かんできたでしょうか。
あるいは、あなたが自分のクラスで語っている姿がイメージできたでしょうか。

「教師の語り」は学級経営をする上で必要不可欠なものだと感じています。
教師が語ることによって、子どもたちが励まされることがあります。
教師が語ることによって、子どもたちが成長していきます。
教師が語ることによって、子どもたちも語る力がつきます。

本書は、私が担任をしていた際に語ってきたことをまとめたものとなりますが、あらためて読み返してみると、実に幅広いジャンルの話をしていたなと気がつきました。

なぜ幅広いジャンルの話をしていたかというと、いろいろなジャンルの話をした方が子どもの心に響く可能性が高くなるからです。

一つの話が全員の心に響くということは、おそらくないでしょう。

ですが、一つ、二つと話をしていく中で、あの子の心に届き、また別の子の心に届き……そういうことの積み重ねで、子どもたちや学級は育ってくると思うのです。

みなさんもご自身の教室で「教師の語り」を楽しみながらしてください。

私の話が、あなたが話をする際の参考になることを願いつつ、本書を閉じたいと思います。

森岡　健太

【著者紹介】

森岡　健太（もりおか　けんた）

1987年生まれ。京都府公立小学校教諭。神戸大学発達科学部卒（教育学部）。京都連合教職大学院卒。初任校での，道徳の公開授業失敗をきっかけに，道徳の研究に目覚め，市の道徳教育研究会に所属する。10年以上，道徳の授業づくりを研究し，現在は他校へアドバイスをしに行くこともしばしばある。日本道徳教育学会所属。

〈著書〉

『おもしろすぎて授業したくなる道徳図解』（明治図書）

『おもしろすぎて子どもに会いたくなる学級経営図解』（明治図書）

『森岡健太の道徳教材研究ノート』（明治図書）

『おもしろすぎて心も体も軽くなる仕事術図解』（明治図書）

『森岡健太の道徳板書』（明治図書）

「先生、お話聞きたい！」が止まらなくなる
教師の語り

2025年２月初版第１刷刊　©著　者　森　岡　健　太
2025年５月初版第３刷刊　発行者　藤　原　光　政
発行所　明治図書出版株式会社
http://www.meijitosho.co.jp
（企画）茅野　現（校正）中野真実
〒114-0023　東京都北区滝野川7-46-1
振替00160-5-151318　電話03（5907）6702
ご注文窓口　電話03（5907）6668

＊検印省略　組版所　広　研　印　刷　株　式　会　社

Printed in Japan　ISBN978-4-18-449029-1